メビウス図形のパワー入り!
高次元にシフトするためのチケット

このチケットは、2038年前後に訪れるアセンションを、
潜在意識に強く設定するためのものです。
真ん中に描かれたメビウスのマークは、
「チケットの所有者の意識の反転を促すためには、数字の8を使うとよい」
という、高次存在たちのアドバイスによるものです。
メビウスの輪の表から裏へと途切れなく続く動きには、
見る者の意識を反転、つまり、統合させる作用があります。

このチケットを、普段よく目に入る場所に飾り、
日々、メビウスの輪のエネルギーを感じてみてください。
見るたびに、統合を促すエネルギーがパワフルに働きかけ、
それが潜在意識にどんどん定着し、
あなたの意識を統合状態へと導いていきます。

並木良和

チケットのフチに沿って、切り取ってお使いください。

全宇宙の大転換と人類の未来

2038年前後、集団アセンションが起こる!

並木良和

ナチュラルスピリット

はじめに

現在、アセンションに向けての大きな宇宙的サイクルの中で、その流れに乗るか乗らないかを、人類全員が選択しなければならない重要なタイミングを迎えています。

そのための大事な時期であり、僕としては間口を広げていろいろな角度から「今、こんなことが起きていますよ」「これからこういうことが起きそうですよ」とお伝えしているのが、既刊の本の内容です。

その目的は「目醒めること」にありましたが、「アセンション」に関しても、大まかな全体像で示しています。この2つは、ここからここまでと、切り離してとらえるものではないからです。アセンションするためには、その手前に目醒めという段階が絶対的に必要で、それを超えないとアセンションのプロセスへと移行できません。

２０２１年12月22日の冬至を越えると、宇宙的な流れ、つまり目醒める流れか眠り続ける流れかを決める「目醒めのゲート」が完全に閉まります。そして、地球と人類の5次元化を促す「アセンションのゲート」がオープンになります。そうなると、目醒めのゲートが閉じた後は流れに〝乗るか乗らないか〟ではなく、今世、肉体を持ったまま目を醒ますか否かを決めたことになり、その決めた道を生きることになります。

ですので、それ以降はもう「目を醒ましますか？　どうしますか？」というお話をする必要はなくなり、目を醒ますことを決めた人たちに向けて、加速して目を醒ましていく方法や、その先に控えているアセンションに向けての生き方についてお伝えしていくことになります。

それは、今までテーマにしていた「目醒め」とは少し違ってくるのです。もちろん、重複する部分はありますが、大きく異なる部分が出てきます。たとえば、アセンションを決意した人たちに向けて、「では、急速にアセンションを起こしていくにはどうしたらいいか？」というレクチャーをしていく、というように。

ゲートが完全に閉じると、事実上、乗り換えがきかなくなります。

たとえるなら、２０２１年の冬至までは「電車が発車します。ご利用の方はお急ぎください！」とずっとベルが鳴っていて、「ほらほら、行くなら早く乗ってください！」と促されているようなもの。

お尻を叩いて欲しい人もいるので叩くことはしますが、無理やり押し込むようなことはしません。乗るかどうかは、完全にその人次第です。

それと同じで、僕も2021年の冬至までは、目醒めるタイミングを迎えていることをお伝えし続けていくことになります。なぜなら、滑り込みセーフで入ってくる人も大勢いますから。もちろん、乗るも乗らないも完全に自由ですが、そのうち電車のドアは閉まり、出発してしまいます。これが、電車の発車に例えた宇宙的なサイクルです。

そういう意味では、最終の乗車に向けて、深層意識と呼ばれる深い意識レベルで目醒めを決めた人たちも含めて、ガイドと呼ばれる守護存在たちから〝お尻を叩かれる現象〟が加速します。人によっては、それが強く現れます。

「あなたが望んだんですよね？　その時が来たら知らせてくれって頼んでいたでしょう？」というふうに、目醒めを促すべく、ある種のショック療法を与えるのです。

急に人生の方向転換をしないといけなくなったり、「絶対、この人とはうまくやっていけるだろう」という人たちとの別れを体験するなど、衝撃的な出来事がいろいろと起き始めることもあります。反対にその人が、目醒めの方向にすでに一致しているのであれば、それほど大きな出来事を起こす必要はないでしょう。

つまり、発車のベルに気づいて準備をしていれば、穏やかにスムーズに進んでいくのに、気づかずにいたり、グズグズしたりしていると蹴飛ばされるわけです。

「ほら、方向転換しないと乗り遅れてしまいますよ！　そのままだと、あなたの望む方向とは全然違う方向に行ってしまいますよ！」と気づかせようとする出来事が、ドッカンドッカンと起き始めます。

そのような人たちは、焦りや得体の知れない恐怖、底知れぬ不安が湧いてきたりするでしょう。特に何か悪いことが起きているわけじゃなくても、精神的に苦しくて苦しくて、「どうしたんだろう？　自分は……これから、どうなってしまうんだろう……」というふうに、いつもの自分が保てなくなってくるような感覚に襲われたりする人もいるでしょう。

でも、そういった言いようのない〝不安や恐怖の周波数〟を手放すことで、目醒めの方向へと一致していくのです。

地球特有の重たい周波数を手放すことで、僕たちは、長きにわたって続いてきた地球の眠りの歴史を終わりにしていくことができます。そのような、〝不安や恐怖などの眠りの周波数〟をベースにした今までの生き方を終わりにしていくことができないと、次のシフトが起こせないのです。

だから、それらを一気に解消させるために、一般にネガティブと呼ばれる感情をグワァーッと押し上げて表面化させ、それらを手放して、手放して、手放していくことで、目を醒ましていくことになります。

「こんなに苦しいことは今までなかった」という状況に陥り、それがきっかけで目醒めていく人たちもたくさんいるわけです。


ガイドが〝ケツ叩き〟をするとはいえ、彼らは本人が望んでいないことは一切しません。「あなたが望んでいる方向は、こちらではないのですか?」と指し示すだけです。

ここで大事なことは、「私は今世、生まれる前に、肉体を持ったまま目を醒ますことを決めてきたのかもしれない。だから、その時が来たら、サポートをしてくれるよう頼んでいたのかも……」と想像してみることです。

僕たちは、そうして意識と心をオープンにすることで、今まで気づけなかったことに気づいたり、大切な記憶を憶い出したりすることがあるのです。

ガイドは、「人生の方向性が間違っているから、こっちにしなさい」「目醒めたほうがいいですよ」などと諭したりすることは決してしません。目醒めることが正しいわけでも、しなければならないことでもありませんし、僕たちは、どのみち眠りを体験したくて眠ったわけですから、まだ眠っていたいのなら、それはそれでいいのです。

ガイドやアセンデッドマスターたちは、本人の自由意志を最大限に尊重し、魂が望むことをサポートしてくれます。

僕は、さまざまな高次存在からのメッセージをチャネリングしますが、「グレートシフト」を迎えている現在のタイミングについて、彼らはこう言っています。

「人々はグレートシフトに向けて、何世代にもわたる輪廻転生を繰り返しながら準備を重ねてきた。そして『願わくば、この地球史上初の大きな変容のプロセスを体験するべく、今後二度と来ないであろうチャンスを含んだ、まさに今この時のサイクルに乗って行きたい』と、この時代に、このタイミングで肉体を持ったのだ」と。

であるなら、今僕たちはものすごい大きなチャンスの時を迎えていて、もしこの機会を逃したなら、次のサイクルが訪れるのは、2万6000年後であることも伝えてきています。

でも、僕たちが落ちこぼれることは絶対にありません。宇宙は真に慈愛に満ちていて、僕たちを置いて行くことは決してなく、必要なら何度でもやり直しをさせてくれるからです。

もし、今回のタイミングで意識進化のサイクルに乗り損ねたとしても、単にその人が今回はそれを選択しただけで、次のタイミングを待つだけです。宇宙は、すべての存在が完全に〝源〟に帰還するまで、必ずそのチャンスを与えてくれます。

ただ、もし、今回このチャンスにあなたが乗りたいのであれば、「急がないと電車が発車しちゃいますよ！」ということなのです。


ところで、この本には「しかけ」がされています。各テーマについて、章をまたいで別の視点から何度もお伝えすることで、それぞれが折り重なるように本書を書き上げました。

たとえ、一度読んで書かれていることの意味がわからなくても、何度も読んでいくうちに、「目醒めからその先へ」とシフトしていくように構成されています。内容が理解できなかったとしても、その人にシフトが起きていくのです。

一生懸命、理解しようとしなくてもかまいません。もし、読んでいて眠くなるような箇所があれば、「今、目を醒ましていくにあたって、必要な情報とエネルギーがダウンロードされているんだ」と思ってください。

だからといって、あなたの準備ができていないのに、勝手にそんなことが起こることはありません。いつだって「あなたが主人公」ですので、あなたが許可したことしか体験できません。だからこそ、頭で考える癖をいったん脇に置いて、心をオープンにして本書を読み進めていただけたらと思います。

並木良和

目次

第3章 高次存在たちからのメッセージ「2022年以降の地球社会」……089

第5章　理想の世界にパラレルシフトする……169

第7章　宇宙種族とのオープンコンタクトに向けて……217

第 1 章

2021年冬至までと
それ以降の宇宙の流れ

「目醒めのゲート」が閉じるまでと、それ以降、
宇宙から降り注ぐエネルギーが人々へ与える影響は
どのようになっていくのでしょう?

目醒めのゲートが閉じるまでの流れ

２０１９年から肉体の構造も変化が始まった

現在、「『目醒め』へと向かう電車が発車しますよ、急いでください！」と、発車のベルの音が日々、どんどんその大きさを増しています。

宇宙のサイクルと連動して、毎年、暦における節目を含めて、地上にパワフルなエネルギーが降り注ぐタイミングがいくつかやって来ます。たとえば、毎年8月は「ライオンズゲート」（大体7月26日〜8月12日にかけて）が開きますが、２０１９年の時点で、今までとはまったく違うエネルギーが降りて来ていました。例年のものとは格段に違っていたのです。

これは、それを受け取る準備ができている人ほど、よくわかります。ライオンズゲートの期間、何をするでもなく自然とドミノ倒しのように、人々の意識がガラガラと変わっていったのです。僕もそうでした。

2019年のライオンズゲートを越えてから、多くの人たちの意識が変わるだけではなく、肉体の構造が変わり始めています。

新たな地球「ニューアース」に移行するためには、僕がいつもお話しさせていただいているように、体も一緒にシフトしていくので、その構造も含めてすべてを変えていく必要があります。その理由は、今地球は夜から昼へ、あるいは冬から夏へと変わるくらいに大きな変化を迎えようとしているからです。

つまり、今までとはまったく違う備えをする必要があるのです。その変化を促すエネルギーが、今も宇宙から絶え間なくやって来ています。

そうなると、食べ物の嗜好も食べる量も、肉体的なあらゆることが変化する可能性があります。このような変化のプロセスが、シフトしていくための条件なのです。今までの肉体構造では、残念ながらシフトすることはできません。

なので、今人類は、肉体を伴ってアセンションしていくプロセスを体験中なのだということを、この本を読んでいるあなたにはしっかり理解していただけたらと思います。

なぜなら、精神論を理解するだけでは対応できず、〝物理的な肉体をも変えていかなくてはいけないタイミングを迎えている〟からです。このことはすごく重要なことだと、高次の存在たちは何度も伝えてきています。

また、食べ物の好みや食べる量が変化していく中で、こんなことも起きるでしょう。たとえば、頭では「チョコレートが食べたい」、でも体は「いらない」と感じる——。そんな時には、体の声に従ってください。「その結果、どうなるんだろう?」と実験してみればいいのです。そうやって、体の声に耳を傾けることが習慣になると、今まで味わったことのない感覚がし始めるでしょう。

「今までとは体の感覚が全然違う」「体が軽やかなうえに疲れない」「直感が以前に比べて鋭くなっている気がする」「なんだか、人生の波にうまく乗れている気がする」など、全体的に自分の人生がバージョンアップされているような感覚になるのです。

節目の時ほどハイヤーセルフに委ねる

夏至や冬至、春分や秋分、ライオンズゲートなど、地球の節目を迎えるタイミングには宇宙から降り注ぐエネルギーも非常にパワフルな分、変化に抵抗する人ほど苦痛を伴うことがあります。なので、抵抗せずに流れに身を任せるという「サレンダー」な意識を持つことが大切です。

自分でコントロールしようとしない、流れに身を任せる。これは一見怖いことのように感じるかもしれませんが、焦点を合わせる先は本来の自分、つまり「ハイヤーセルフ」です。ハイヤーセルフという、あなたの最善と最高の幸せを、今のあなた以上に知る大いなる意識に身を委ねるわけですから、何の心配も要らず、ただ安心して身を任せればいいのです。

この大いなる意識は宇宙と完全に同調しているので、ハイヤーセルフに自分の意識を同調できれば、宇宙の流れと一体となり、必要な体験が自然と起きて、ナチュラルに変化していくことができます。苦痛を伴うことなく、優雅にやすやすと心地良く、最高の変化を起こしていけるのです。

そのためには、抵抗しないことです。宇宙は、苦痛を強いるようなことはしません。苦痛を強いられていると感じるのは、流れに抵抗している時です。ただ流れに乗って行けばいいのに、わざわざ川上に向かって泳いで行こうとするから摩擦を起こし、多大な疲労を感じることになるのです。

感情面も物理面も不要なものが浮上する

今後も、宇宙から降り注ぐエネルギーは断続的に強まります。その分、感情的なものから物理的なものまで、あなたの本質である魂レベルの望みにはそぐわない、手放したほうがいいものすべてが、浮上してくることになります。

たとえば、「あなたは、もうこの人と一緒にいるのはふさわしくないと感じているでしょう？」と突きつけられるように、自分の深い部分で感じている感情があぶり出されてくるわけです。「嫌だ！　私、まだこの人と一緒にいたい！」などと、いろいろな執着も一緒に浮上してくるので、それを手放さないと葛藤が強くなり、苦しくて仕方なくなるでしょう。

なので、手放したほうがいいと感じるなら、悩んだり、迷ったりしていないで思い切って手放すことです。これからの僕たちには、変化していくための勇気が本当に大切になってきます。

手放すことを怖れるのは、変化したその先がどうなるかわからないからです。でも、もしあなたが自分の心が望む方向へと勇気を持って変化していけたら、「わぁ、やっぱりこれで良かったんだ！」と後で必ず感じ、その理由を知ることができるでしょう。

内的変化で被害者意識が強まるケースと対処法

内的変化が、〝逆の現象〟として現れるケースも増えています。

たとえば、今まで穏やかだったのに、急に怒りっぽくなって被害者意識が強まるケースなどがそうです。

こうした場合、自分ではなく他人を優先することで本心を押しやったり、周りに合わせたりすることで、どんどん本当の自分が隅に追いやられ、そのことに気づいて欲しいと、感情が表面化してきているということがあります。

つまり、今、地球は新たな進化の流れに乗るべく、日々、波動を上げていますが、僕たちもその地球と共生していきたいのであれば、これまでの地球の〝眠り〟という重たい周波数を手放し、軽やかに準備を整える必要があるのです。

だからこそ、「あなたはずっと本心を隠して生きてきましたね？　本当はこれだけ怒っていたんですよ、これだけ不満が募っていたんですよ、これだけツラいと感じていたんですよ。さあ、今こそ手放す時ですよ！」と感じるような状況を起こして、その人の中に潜在していた眠りの周波数を捉えさせようとするわけです。

しかし、本人はそのことに気づいていないので、湧き上がってくる感情に振り回されてしまうだけになります。

でも本当は、手放すためのチャンスを創り出しているだけなので、抑え込んでいた感情を手放すことができれば、またひとつ、目を醒ましていくことになります。

こうして、長年かぶっていた仮面を外し、本当の自分、ありのままの自分を完全に表現できるようになっていくのです。

魂が求めていた最高のものが現れ続ける状態に

こちらから、積極的に変化を迎え入れるくらいの気持ちでいるようにしましょう。そういう人のほうが、今後、起きることを〝優雅にやすやすとワクワクしながら〟体験していくことができます。

そうなったら、もう楽しみでしかないですよね。本当の自分に一致するために、つまり目を醒ますために、積極的に変化を起こしていく人たちは、「これから先は、一体どうなっていくんだろう？」と、この先のポジティブな変化を感じ取ることができるようになり、心の底からワクワクしてきます。

現実レベルでも、変化が現れてくるようになるからです。それまで出会ったことがないタイプの人と出会ったり、「こんな話、今までなかった」というようなチャンスが舞い込んできたり、確実に何かが変わっていく、と感じられるような変化が見えてきます。

つまり、自分が本当に望んでいることが見えてくるのです。自分の魂が「これだ！」と求めていたものが、目の前に現れてくるようになります。

まるで「馬の鼻先にぶらさげたニンジン」のように、宇宙がその人に見合ったニンジンをちゃんと与えてくれるのです。「あなたの心からの、魂からの望みを、どんどん形にして見せてあげましょう」と言わんばかりに。

僕たちは、そんなふうに楽しみながら目を醒ましていくことができるのです。何より目を醒ましていくというのは、本来の僕たちの在り方である「奇跡が日常になる」ということを体現することになるのですから。

でも、変化に抵抗していれば、もちろんそれがちゃんと見えることはありません。ニンジンがチラついても現状にしがみつき、維持することのほうに意識が向いてしまうからです。そうすると「こっちも気になるけど、あっちも気になる」という葛藤が生まれてしまいます。

だから、目の前のニンジンを目がけて、ワクワクしながら走って行けばいいのです。

ただ、「現実を良くするために目を醒ますのではないのだ」ということは、頭に入れておいていただけたらと思います。〝イリュージョン（幻想）である現実に執着するのは、眠ることに他ならない〟からです。

結局、目を醒まし、本来の自分の意識を思い出すことができれば、喜びや豊かさという、その高いエッセンスから創り出す現実は、当たり前のように良くなります。

目を醒ますことが、とにかく第一優先になったら、もう何も怖いものはないでしょう。もし、ある現実が荒波のように襲いかかってくるような体験をしたとしても、目を醒ますという〝向かう先〟が明確になってさえいれば、そこに向かって進むだけです。

そして、そのプロセスでは、僕たちの魂レベルの望みが次々に具現化していくことになるのです（＊178ページでも解説）。

自分の進む道がはっきりと見えてくる

そうであるなら、「目醒めのゲートが閉じるまでには、逆に、ニンジンという本来の望みが明確になっている必要があるのではないか？」と思うかもしれません。

ここで言えることは、目醒めることを決め、統合を進めていくことで、２０２１年の冬至にゲートが閉じるまでには、人生の方向性がより明確になるということです。

そうして自分と一致してくればくるほど、あーだこーだと悩むことがなくなり、「どうすればいいかな……」と思ったと同時に、「こうすればいい！」というアイデアやインスピレーションが降って来るようになり、未来を思った時には、「これからとてつもなく良くなっていく！」と感じられるようになります。

それが、流れに乗っているサインになりますし、すでにそういう生き方をする人が増えていることでしょう。

それを加速させるエネルギーが宇宙から断続的にやって来ているので、準備ができている人は、状況が自然に変化してきています。結局のところ、「何かしなきゃ」「どうにかしないと」ではなく、エネルギーがやって来た時にそれに乗れるよう、準備を整えておけばいいのです。

準備をしておけば、後ろからザッブーンと突き上げるような上昇気流が起きた時、それに乗ってグングン昇っていくことができます。そのたびに、古い自分がガラガラと崩壊し、その都度、新たな自分に生まれ変わる体験をするようになるのです。「なんだかよくわからないけど、自分の中の何かが変わった」というような体験を――。

そのためには、でき得る限り、重たい思考や感情、役に立たなくなったいらない物や事柄、そして、これからの自分にとってふさわしくない人間関係などを手放し、軽やかになっておくこと。

なぜなら、流れがやって来た時に自分が重かったら、押し上げられることなく波だけが先に行き、自分は取り残されてしまうからです。気づいたら、何も変わってない、なんてことになりかねないわけです。

人間ドラマをたっぷり味わえる「別の地球」

目を醒ます流れではなく、分離意識という眠りの流れを体験し続けたい人にとっては、本流である目醒めの潮流とは逆走することになります。そのため、これからは川上に向かって泳ぐような状態になり、ネガティブな感情という体感も、さらに臨場感を伴って体験することになるでしょう。

つまり、人間ドラマを味わいたい人たちも、まだまだいるということです。たとえば、恋愛ドラマ、健康・不健康などの身体にまつわるドラマ、お金がある・ないというドラマ、自分のほうが優れていて、相手が劣っているという権力のドラマなどなど……。

そのようなドラマを体験したい人は、これまでの人間ドラマがまったく成立しない次元には行きたくないのです。

「みんなが平等なんていやだ！　自分だけが他の人よりも力を持っていたい」

「自分で責任を取るよりも、誰かに支配されているほうがマシだ……」

このように思っている場合、結果的には眠りを体験し続けることを願っているのと同じことになります。

そういう意識を持つ人たちの未来には、眠りの地球と同じような体験ができる、他の物理次元の惑星が用意されています。強制的に舞台から降ろされるのではなく、「ここで、飽きるまで体験したら？」と、宇宙が用意してくれているわけですから、本当にありがたいことです。皮肉ではなく、宇宙はなんて慈悲深いのだろうと思います。

そのような人たちがこの地球で寿命を終えた後は、新しい地球ではなく、眠りの地球に似た物理次元に転生することになるのです。

２０２１年の冬至を越えたあとの流れ

アセンションの方向性が細分化する

２０２１年の冬至を越えると、目醒めることを決めた人たちの中でも、「急速に目を醒ましていく人」と、「ゆっくり目を醒ましていく人」とに分かれていくことになります。

その目醒めの先に、アセンションのプロセスが開始されることになりますが、流れをまとめるとこのようになります。

- ●急速に目を醒まし、今世で肉体を持ったままアセンションへと向かっていく組
- ●ゆっくりとした目醒めの中で、転生を繰り返しながらアセンションへと向かっていく組

僕のところにやって来る人たちの多くは前者のほうで、急速に目醒め、アセンションして

いきたいと望んでいる人たちです。

本書を読んでいるあなたも、きっとそうなのではないでしょうか？

今後の人生は天国？それとも地獄？

人々は急速に分かれ始めます。同じ地球にいながら、かたや、自由自在に自分の思う通りの人生を生きることで〝天国を体験〟する人たち。

かたや、人生に行き詰まり、これからどうやって生きていけばよいのかと途方に暮れながら、一向に答えが見つからない人生を生きることで〝地獄を体験〟する人たち。

そのような変化が起きてくるのです。それくらい、意識の在り方に違いが出てくるということです。


目醒めを選択した人々にとって、今後はますます生きやすい時代になります。

一方で、眠りを選択すると、生きづらさが増していくのと同時に、目醒めやアセンションの情報を目にしたり耳にしたりすることが、どんどん減っていくことになるでしょう。

どちらを選択するにせよ、宇宙は僕たちが選んだものを強力にバックアップしてくれるので、眠りを選べば、ますます「現実」というイリュージョン（幻想）の中に入り込み、目を醒ますことには意識が向かなくなります。そのため、事実上、目を醒ますことができなくなる、とお伝えしているのです。

このような中、目を醒ます人と、眠り続ける人の割合がどのようになるかは、今回の冬至に閉まるゲートを通り抜けてみないとわかりません。

このゲートを抜ける際、どれだけの人が目醒めることを決めるかによるからです。

だからこそ、今も、僕は呼びかけています。それが、これから先の地球の方向性をより穏やかな変化のプロセスへと導くのか、それとも大きな痛みを伴う変化のプロセスへと導くのかの違いを生むからです。

現実のしくみを理解する人が続出

大きなターニングポイントとなった２０２０年を越えて、いよいよ２０２１年の冬至を迎えようとしているこの残り少ない日々も、目醒めの波へ軽やかに乗れるよう、僕は皆さんに「目を醒ましたいのであれば、統合してください」とお話ししています。

統合が進んでいくと、そのうち「意識の反転」（現実の認識の仕方が著しく変化する現象）が起きる時を迎えます。それは、2021年の冬至を越えてしばらくしたあたりから、多くの人に起こるでしょう。

この現象は、「現実」とは自分の放っている「周波数」を使って、外界というスクリーンに投影された映像なのだと理解する人たちが、現れるようになるということです。

僕たちは今のところ、そのことを〝知識〟では知っているという段階です。

「そうなんだろう」「よくわかんないけど、そうかもしれないね」と。

だけど、それが明らかに「あ、この周波数でこの現実を映像化していたんだ！」ということを明確に理解する人たちが、2021年の冬至を越えるとどんどん現れてくることになります。

その予備校生ともいうべき人たちが、すでにいっぱいいるのです。

ネガティブな存在の妨害は減っていく

目を醒ましていく人たちが増えるとともに、ネガティブな霊体や宇宙存在は、2021年の冬至を越えて減っていくことになります。かつ、目を醒ましていく人たちに影響を及ぼせなくなっていくのです。

2021年の冬至を越えると、向かう先が決まり、「地球と人類の5次元化を促すゲート」もオープンになり、自らの波動に見合う領域に大きく触れることになります。そのため、波動域があまりに違ってくると、どんな存在であろうと触れ合うことはできなくなり、手が出せなくなるのです。

現在、世界がなぜこんなに混沌としているかというと、二極化する「分かれ目」のところにいて、すべてが混在しているからです。

だからこそ、いい具合に波動を上げつつある人類に、今現在、彼ら（ネガティブ側に属する存在）は必死になって、あの手この手で突然ショックを与えるようなさまざまな出来事を画策して妨害したり、真実を隠して、無知なまま生きていくようコントロールしているのです。

スピリチュアルに関心がなくても波に乗れる人たち

スピリチュアルなことに興味がなくても、愛と調和をベースに、日々を前向きにワクワク楽しく過ごしている人たちがいます。あなたの周りにも、そのような人たちがいるかもしれません。

そしてそのような人たちは、2021年の冬至に目醒めのゲートが閉まることも、アセンションというプロセスがあることも知らないことでしょう。

にもかかわらず、彼らは2021年以降は、目醒めの流れに乗って行くことになるのです。なぜなら、ポジティブなことにフォーカスしている人は、目醒めの波に乗るからです。これは、単にポジティブシンキングがいい、と言っているのではなく、僕たちの本質というのは、本来ポジティブだからです。

その本質に一致していくことが、目を醒ましていくことになるので、ポジティブという性質に一致していけば、僕たちは自然に目醒めの流れに乗って行くことになります。

いわゆるポジティブな人たちは、自分の本質に一致している状態なので、ゲートを通り抜けた後の、目醒めというポジティブな大きな流れに自然に同調したまま、乗って行くことになるのです。

ですので、必ずしも目醒めやアセンションという言葉を知らなくても大丈夫ですし、必ずしもスピリチュアルなワークをしなければならない、ということもありません。

スピリチュアルなことには関心がなく、アセンションのことを知らない人でも、目醒めていくことはできます。一番大切なのは、宇宙的な流れに一致しているのか、していないのか、ということです。

では、僕が講演会や著書などで提供している情報やワークは何のためかというと、現在、僕たちが直面している宇宙の目醒めのサイクルに関して伝えることはもとより、急速に目を醒まし、アセンションしていくための情報を提供するためです。

ただ、僕のワークやセミナーに「行かないと波に乗れない！」とか、「目を醒ますことができない！」とすがる気持ちで参加される方もいますが、そんなことは決してありません。

逆に、そういう依存する気持ちこそ、手放す必要があることを理解してください。目を醒ますということは、自分軸に立ち、完全に自分を信頼するということに他ならないからです。

繰り返しになりますが、アセンションしていくことは、さらに自分を軸にした「自己信頼」に一致していくことでもありますから、「この人に」「このことに」と〝外〟に依存してしまうと、自分の中心からズレてしまい、望んでいる方向とは真逆に行ってしまいます。

5次元地球に波動が合わず肉体を脱ぐ人たち

地球自体が5次元化する、つまり、人類がアセンションに向かう流れが本格化する2032年以降、眠りを選択した意識を持つ人は、通常通り、寿命を終えて肉体を脱いだあと、地球と同じような物理次元に転生することになります。

言い方を換えると、「今回の目醒めのサイクルでは、新しく生まれ変わる地球と共生することを選ばなかった」ということになります。

これは排他的でも、排除されたのでもなく、波動があまりにも違ってしまうと、その違いから一緒にいることができなくなってしまうのです。「波長の法則」とか「類は友を呼ぶ」と言うように、同じ波動のもの同士が共鳴して存在できるわけです。

このような波動の違いというのは優劣などではなく、単に〝状態の違い〟にすぎないのだ、ということを理解していただけたらと思います。

周波数が大きく異なる者同士は共存できない

今、なぜ世の中がこれだけ玉石混交としているのかと言えば、二極化していく境目のところにいるからです。

２０２１年の冬至にゲートが閉じると、そこから２０３２～２０３３年に向けて、地球が5次元へと安定化していくことになります。

これは、２０２１年の冬至以降、二極化は年を追うごとにますます加速し、目に見える形でハッキリと分かれてくるということです。

地球が5次元化するまでは、まだ、周波数が違うと感じる相手が視界に入ってくることもあるでしょう。でも、同じ地球にいるはずなのに、先ほどもお伝えしたように、かたや天国を生き、かたや地獄を生きる、と言えるくらいに、その人生の体験に雲泥の差が出ることになります。

つまり、こういうことです。極端に言えば、隣町で戦争が起きていて、その町に住む皆が戦々恐々と生きる中、自分の町の住人はそれにまったく気づくことなく、「私たちって、何て豊かで幸せな人生を生きているんだろう……有り難いね！」と笑顔で語り合っているような違いを体験し始めるのです。

ちなみに、なぜ、多くの人がアセンデッドマスターを視ることができないかというと、次元＝周波数が違うからです。

これをわかりやすく説明すると、たとえば、イルカはとても高い波動で振動しています。そんなイルカと一緒に泳ぐような時、何らかのショックを受けて心を閉ざしている人がその場にいると、その人の前は素通りしてしまうことがあるのです。

それは無視しているのではなく、周波数があまりにも違っていて、イルカには「見えない」のです。

COLUMN

「目醒めの波に乗れた人・乗れなかった人」の自覚症状

その時にはわからないかもしれませんが、あとから振り返った時、目醒めの波に乗れたかどうかは、次のような特徴が目安になります。

目醒めの波に乗れた人

- どこまでも発展し、拡大していくような前向きな意識状態になる。
- 宇宙の流れと一体化することで、物事がスムーズに流れ始める。シンクロ（意味のある偶然）が頻発し、自分にとって正しい道を進んでいると感じながら、日々を生きることができる。
- ただ存在しているだけで、幸せを感じるようになる。何が起きていてもいなくても楽しく、喜びに満ちていられるようになる。

《解説》

僕たちは今まで、「この人といると幸せを感じる」「こんなことが起きているから楽しい」というように、外側の現実によって、自分の幸不幸が左右されると思ってきました。

でも、波に乗り始めると、この思考が反転していくことになります。

何も起きていないのに「これから、どうなっていくんだろう？」とワクワクしているうちにそれが形を取り始め、さらに現実が楽しくなっていく……。そんなふうに、自分から放たれたものが現実として体験できることを理解し始めるのです。常に軸が自分になるため、心も安定するようになります。

でも、自分の外側の現実が安定の基準になっていると、そうはいきません。なぜなら、外側の世界は目まぐるしく変化するので、それに振り回されることになり、外によって一喜一憂するという、不安定このうえない状態になるでしょう。

言い方を換えれば、「目を醒す」ということは本当の自分に一致していくことなので、軸が自分の中心に戻ってくるのです。自らの本質である「こひしたふわよ（恋慕ふわよ）」（＊70・83ページで解説）の状態と自然と同調が始まるので、外側の現実に関係なく、常に「こひしたふわよ」の自分でいられるようになります。

こうして、「あの人があんなことを言ったから、傷ついた」とか、「こんなことが起きたから、悲しい」というような体験の仕方がなくなり、ブレなくなってくるのです。

目醒めの波に乗れなかった人

●あきらめのような、先細りしていくような感覚がある。閉塞感。

●「この世はネガティブなことだらけ」「どうして私の人生には、こんなことばかり起こるんだろう?」「人生なんて、どうせこんなものだよね」という思いが湧く。

《解説》

波に乗れた人特有の、どこまでも広がっていくような感覚に対して、眠りを選択し、本来の波から外れると、どこまでも閉塞的になっていきます。発展性が一切見えなくなっていき、心の中は絶望感で苦しく、活路が見出せません。

そのため、「どうせ私なんて……」というあきらめの気持ちや、停滞感から抜け出せず、結果的には、次回のサイクルを迎えるまで輪廻を繰り返すことになります。

もし、希望を見出せたとしても、その希望を打ち砕かれる体験をするでしょう。なぜなら、「できない」「やれない」という周波数を使ってしまうからです。

そういう人たちは意識の奥深くで、希望の見出せない状況を体験し続けることを望んでいると言えます。

それは、「希望を持って取り組んでみたものの、それが打ち砕かれる」という多くの人たちが体験してきたことであり、「やれるはず」、でも結果的に「ダメだった」という、アップダウンする状態です。

Q&A

ゲートが閉じる時期について諸説あるのは？

Q 宇宙的なサイクルであるゲートが閉じる時期について、説を唱える人によってさまざまな解釈があり、時期が異なったりしますが？

A **僕としては受け取った情報を、曲げることなく提供しているのですが、何を真実として受け入れるかで、その後の歩み方が違ってくることになります。**

僕のスタンスとして、高次の領域から自分へとやって来ている情報は、でき得る限り個人的な解釈を加えたりせず、皆さんにお伝えしています。そのようにして、受け取った情報を、正確に正直に提供しています。

でも、ここで大切なのは、皆さんがその情報を見たり聞いたりした時に、それを自分の感覚を頼りに、「自分にとって役に立つのか？」「自分の真実として受け入れられるか？」を、ちゃんと取捨選択するということです。

これは、僕のことに限らず、すべてに言えることですが、決して誰をも何をも「鵜呑みにしない」でほしいのです。情報を提供する僕としては、当たり前のように、自分が正しいと言いたいわけでも、誰かが間違っているというわけでもありません。

無責任な言い方に聞こえるかもしれませんが、「何を選ぶかは皆さん次第」であり、実際、僕たちが目を醒まし、本当の意味で自立して生きるというのは、そういうことなのです。

「誰々が言ったから……」「あの人のせいで……」という、自己責任を放棄した今までの生き方を終えるからこそ、自分が自分の人生の主人公として、自由に望む人生をクリエイトしていくことができるようになります。

たとえば、「2021年の冬至にゲートが完全に閉じることになる」「いやいや、2025年の冬至だよ」という2つの説があるとします。

この時、2021年の冬至説の情報を使っていく人たちと、2025年の冬至説の情報を使っていく人たちとでは、その先の歩みが異なることになるわけですが、それでも、これが唯一の真実だと断言することはできません。

皆それぞれに「自分の真実やペース」に基づいて生きているので、それをコントロールしたり、邪魔することは最も避けなければならないのです。そうした中で、この宇宙のサイクルを感知した以上、僕としては「平気、平気。そんなサイクルなんて存在しませんから!」

とは言えません。

それと同じで、実際に2025年説があるかどうかは知りませんが、もし2025年説を唱える人がいたら、その人にはその人の役割があるということです。

つまり、統合された宇宙意識から見たら、オールオッケーなのです。言い方を換えると、僕たちの自由意志は、宇宙によってどこまでも尊重されていて、自分がクリエイトする世界に責任を持たされているのです。でも、肉体を持った僕たちがそれを理解するのは、非常に難しいことです。

Q ゲートが閉じる時期を、ずれて解釈してしまった人はどうなりますか?

A いずれ肉体を脱いだ後、源に還るための次のチャンスがやって来ます。

大前提として、宇宙はとても慈悲深く、何度でもやり直しをさせてくれます。先ほどもお伝えしたように、僕たちには自由意志が与えられていて、自分で選択する権利があります。

でも、時期に関して、もしずれた解釈をしていたら、その流れには乗れないことになります。

2021年の冬至が分岐点なのに、「平気、平気、だって2025年だから」などと言っていたら、2021年の冬至を越えた後、その人は望んでいる方向とは別の支流に乗ることになってしまうかもしれません。

でも、「あっ、やっちゃった！」と気づいた時、それでもうおしまいということではありません。いずれ肉体を脱いだ後、源に還るための「次の流れに乗るタイミング」が必ずやって来ます。

結局、最終的には誰も脱落することなく、何回チャレンジするかわかりませんが、源に還って行くことになるのです。それが僕たちの意識の辿る運命である、と言えるでしょう。

高次存在が伝える「注目すべきターニングポイントの年」

2026年頃から始まる新たな世界の流れ

高次存在によると、アセンションに向かう中で「注目すべきターニングポイントの年」がいくつかあるようです。まず、現在の流れを観たうえで、〝2020年の春分から始まる流れが、2026年ないしは2028年まで続くタイムライン〟を教えてくれています。

✦

2020年の春分から、2026年ないしは2028年までの間は
世界各国で、人災や天災などの天変地異が多発し、
政治や経済が非常に乱れていくことになる。
それは、新たなものが生まれるために、古い体制が崩れていくからに他ならない。

つまり、２０２０年・２０２１年の大激変の２年間という、
新たな世界が築かれるための基盤の時期を経て、
「これから」に必要のないものは、破綻・崩壊していくことになるのだ。
それは、連鎖反応的に次々と起きていくことになるが、
それらの流れが大方落ち着いてくるのが、
早ければ２０２６年……遅くても２０２８年頃になる。
それまでに、新しい社会システムの枠組みの基本が、一通りできあがる。
それまでは、生みの苦しみともいうような期間を通過することになるが、
ここを越えて行けば、本当の意味で明るい見通しが立つようになるだろう。

✦

世界的に政治や経済のシステムを含め、あらゆるものが刷新されるようなことが起こるでしょう。具体的に何が起きるのかは、今の段階で高次の存在は伝えてきてはいませんが、ディスクロージャーとも関係しているのかもしれません。

この宇宙と地球に実際起きていることを知らないほとんどの人たちが、真実を次第に知り始めることになります。社会のあらゆる分野で、隠されていた真実が暴かれるようになるで

しょう。
高次存在たちは、次のようなことを言っています。

✦

2026年ないしは2028年までの間に、
大規模なディスクロージャーが起こるだろう。
これまで真実だと思っていたものが嘘で、
嘘だと思っていたものが真実だったという、
情報開示が段階的に行われるようになる。

それにより、人々は、
「じゃあ、今まで信じてきたことは、一体何だったんだろう!?」と、
今までの生き方や在り方を真に見つめ直し、
根本から大きな方向転換をしなければならなくなる。
それ以降、人々の意識は大きく変化し、
優先順位や価値観も変わることから、

社会で作り上げられていくものも変遷を遂げる。
それが、地球の5次化における変化・変容である。
人々が新たな地球と共存していくためには、
これまでの意識を大きく変えていく必要があるのだ。

そして、地球が5次元へと安定化するのは、
2032年から2033年にかけてである。
現在、地球は4次元から5次元へと移行中であり、
すでに5次元化しているという情報もあるが、まだ先である。

でも、2032年から2033年には、
5次元へと安定化することになるだろう。
その後、2038年にはオープンコンタクトが予定されている。

年までのタイムライン

2018年～2020年3月20日（春分）

多くの人たちに「目醒めのゲート」が大きく開かれている。

2020年3月20日（春分）

「目醒めのゲート」が閉じ始める最初のタイミング。

※2020年は重要な年です！

2020年8月末

「目醒めのゲート」が半分以上閉まる。

※8月末を越えると、そこから2021年の冬至に向けて、さらにゆっくり閉じていき、今世、肉体を持って目を醒ましたいという意識にとっては、「相当な狭き門」になります。

2021年12月22日（冬至）

「目醒めのゲート」が完全に閉じる。

※これにより、地球のタイムラインが完全に分岐することになります。

2021年12月22日（冬至）以降

目醒めることを選んだ人たちに「地球と人類の5次元化（アセンション）を促すゲート」がオープンになる。

ハイヤーセルフと深く強く繋がる人が増えていき、人々の人生の明暗が分かれていく。

※「人類ハイヤーセルフ化」への流れとなります。

大公開! 2020年から2038

2022年

2024年頃

人々の意識がさらに大きく変わるターニングポイントの年。

食に対する意識も変わり、粗食や少食の人が増え始める。

2024年以降

社会的な状況は、新たな体制の中、徐々に良くなっていく。

2028年

2022年から2028年までの7年間をかけて、

段階的なディスクロージャーが起こる。

2032年〜2033年

地球自体が「完全に5次元（第4密度化）」へと安定する。

2038年頃

地底世界の存在たちと宇宙種族たち両方との

「オープンコンタクト」を行う。

※すでに予定されています。

2038年前後

宇宙的な大シフトにより、

全宇宙の存在とともに、

人類は「集団アセンション」する。

第 2 章

「人類ハイヤーセルフ化」の
プロセス

アセンションとは、ハイヤーセルフとより深く繋がり、
最終的には、それそのものであることを
思い出すことでもあります。
目醒めとアセンションのプロセス、
今回起きる「特別なアセンション」など、
基本的なことも含めて理解を深めましょう。

基本用語から読み解くアセンションのプロセス

◆「ゲート」とは？

僕はよく「ゲート」という表現をします。ゲートとは、宇宙的な大きなエネルギーの流れの切り替わり地点にある「見えない門」のようなものです。実際に物理的な門があるわけではないですが、ゲートが開き、ゲートが閉じることで流れが切り替わります。

ゲートとは、その時期だけ開いている「ポータル」（異世界に繋がる出入り口・通り道）とも言えます。

宇宙には川の流れのようなエネルギーがいくつか存在していて、ゲートの地点で分岐します。ゲートを境に、どちらの支流に乗るかが決まるのです。

つまり、目醒めの段階やその次の段階であるアセンションの際に、どのような状態でいるかで、どの支流に乗るのかが決まります。

◆源とは？

呼び名は「根源」でも「ソース」でもかまいません。「神」と呼んでもいいですが、宗教的な個別化された神のことではありません。

僕は「源」という表現を使っていますが、「源」は形を伴うものでもないし、光として視えるわけでもありません。ただ、何もないと、それを認識することが難しいので、便宜上〝これ以上ないほどに、まぶしくて見ていられない光〟をイメージするといいでしょう。でも、実際はそうでないことを、知っておいてください。

こうも言えます。源とは、〝すべてがひとつ〟であるという「ワンネス意識」のこと。源に意識が向かっていけばいくほど、その人の中でワンネスの感覚が強まってきます。たとえば、日常生活の中のふとした時に、万物との一体感を感じたら、源にちょっとだけ近づいている状態と言えるでしょう。

◆「目醒め」とは？

一般的に「スピリチュアルな目醒め」とは、次のようなことを指します。

●「意識を目醒めさせたい」と願った結果、あるいはまったく予期せずして、スピリチュアルな能力が覚醒したり、「悟り」を得たりすること。
●「自らの本質に目を向けて生きていく」という内的な決意表明や、それを意図すること。

僕の言う「目醒め」は、後者で十分です。なぜなら、それによって、あなたは目醒めの流れに乗ることになるからです。

誰かと比べるとスピードダウン！

よく「○○には個人差があります」という表現がありますが、目醒めのプロセスにも、もちろん個人差があります。中には、「光の存在が現れて、○○と言われた、○○された」などと、神秘的な体験や劇的な変化を経験する人がいます。彼らはそれを体験することが、本来の魂の望みであり、その体験を伝えていくことで、人々の目醒めを促す役割を持っていたりするのです。

なので、「私はあんなふうな体験をしていない」と比べる必要はまったくありません。むしろ、人と比べることは絶対にしないでください。「え？　○○さんはあの時、宇宙が見えると言ったけど、私には見えてない」などと思わないことです。

それはあくまで、その人の体験です。それと照らし合わせて「自分にはできていない」という判断を、決してしないこと。「いや、こんな状態ではまだまだ」と否定してしまうと、そのまま進んで行けば着実に目を醒ましていけるのに、〝比較〟という眠りの周波数を使うことにより、さらに深く眠っていくことになるからです。

目醒めが進むごとに穏やかな自分へと変化

誰かと比べる代わりに、目醒めのプロセスでは何にも増して〝自分の内的変化を体感〟していくことになります。現実への内的な反応が、変化していくのです。

たとえば、それまでなら、ある一言を聞くと、胸をえぐられるようなショックや悲しみや怒りに満ちていたのに、まったく同じことを聞いても穏やかでいられるようになったら、あなたは大きくシフトしたことになります。

何かが起きた時に、今までならイライラしたり怒りが湧いたのに、その感覚がなくなったこと自体、大きくシフトした証拠です！　そのような変化を一つひとつ積み重ねていくことが、さらに大きなシフトアップを体験するための呼び水となります。

細胞レベルやDNAレベルでも変容が

目醒めれば目醒めるほど、細胞レベルやＤＮＡレベルから変容が始まります。

いずれ起動するようにプログラムされ、停止していたＤＮＡのコードに、どんどんスイッチが入っていき、今まで意識の中に刷り込まれていた観念や概念が外れ始めます。たとえば、「火は熱いものだ」「火の中に入ったら火傷をして燃えてしまう」「水の中では息ができない」というような概念が。

こういったものは、地球人が地上のゲームを楽しむためのルールとして、設定したものです。もともと無限の存在だった僕たちは、有限を体験するために地球に生まれて来ました。有限を体験するには、さまざまな枠組というルールが必要だったのです。

僕たちのＤＮＡのコードにスイッチが入ることにより、既存の枠組から抜けていき、再び無限の存在に戻って行こうとしていきます。

◆アセンションとは？

広義の意味でのアセンションは、5次元へとシフトアップすることですが、僕が言うアセンションとは、「第5密度（6次元）への移行」を指します。つまり、僕の役割とは、皆さんの意識が6次元までシフトアップするのをサポートすることなのです。

僕たちが霊的に進化・成長していくプロセスがアセンションそのものであり、それは、完全にこの物理次元の法則から抜けていくことを意味します。

進化のプロセスでは自然に階段を上って行くように、誰もが向かう「源」というゴールが設定されています。この源から僕たちは「分離」して、まるで自分以外の別の存在がたくさんいるかのような世界を体験してきました。本当は自分しか存在しないのに――。

そういった分離意識の状態から「統合」というゴールへと向かっていくプロセスがアセンションであり、誰もが必ず源へと還って行きます。その還る道のりが、アセンションなのです。

何世紀もの進化のプロセスの集大成

かつて「2012年がアセンションの年」として注目されましたが、地球と人々がアセンションすることによって、何か衝撃的なことが起こるのでは……と思っていた人が多かったようです。

結果的には、「何も起きなかったじゃん！」みたいになりましたが、アセンションは結果というより、〝プロセス〟を指します。

源へ還るまでの、長い長いプロセス。今だってアセンション・プロセスが進行中です。アセンションとは「何かのポイントにさしかかった時、急激に何かが起きる」みたいに捉えられがちですが、ある地点にさしかかったら急にゼロから発生するイベントではありません。

中には、捉え違いをしている人もいます。ある時、アセンションが起き、その瞬間から自分の体が光り出す、などというふうに。

確かに、自分の波動が大きく変化したら、体が光り出すことは起こり得ます。事実、進化のプロセスの中で、僕たちの体はどんどん密度が薄くなろうとしています。もともと僕たちは光の存在であり、何世代もの長い時間をかけてその光へと戻ろうとしているからです。

でも、これは瞬間的に起こるようなことではありません。

通常、意識進化のプロセスというステップを踏んで、長い時間をかけて準備していく必要があるのです。

今回迎えるスペシャルなアセンションとは？

そのような中で、今回迎えるアセンションは特別なものです。今現在のタイミングをたとえるなら、緩やかに上がっていくグラフを描いていたのが、急にガックンと角度が上がる時を迎えている状態。

今までのアセンションと違って特殊なのは、ものすごく急激に大きく変化するタイミングを迎えていることです。しかも、今回のアセンションで何が起こるか、誰もわかっていない状態です（＊詳しくは6章を参照）。

ゴールに向かっていく道が険しいか緩やかかでは、体験する内容がまったく異なります。その道のりは各自の選択に任されていて、あなた次第です。さあ、あなたはどの道を選びますか？

●急速に目醒め、アセンションしていく道
●ゆっくり目醒め、アセンションしていく道

目醒めの鍵を握るのは潜在意識

霊的な目醒めに影響を与えているのは、その人の潜在意識（魂レベルの選択）です。潜在意識へのプログラミングは、先天的なものも後天的なものもあります。「この人生で必ず目を醒ましていく」と潜在意識で決めているなら、目醒めへと導くために必要なイベントを体験するべく、設定してから生まれて来ることになります。

たとえば、「ここでこういう出来事が起き、気持ちが落ち込んだ時にこういう気づきが起きて、目醒めへと導かれる」というふうに。

そのイベントを、ガイドたちと一緒に選択し、設定してから生まれて来るわけです。ですから、すべては意味があって起きている、と言えます。

とは言え、今のあなたの意識が大きな決定権を握っていますので、潜在意識が決めているかどうかを心配するのではなく、あなたがどうしたいのか、目を醒ましたいのかを明確にし、目的に向けて進んで行くことが大切です。

本当の意味で目を醒ますことを決めると、何が起きてもその現実に捉われることなく、統合して波動を上げることに意識を使います。「流れに乗って行く！」と決めた人たちは、どんどん「源」へ帰還すべく、意識をひたすら上げていくのです。

波はあるかもしれませんが、覚悟が決まれば統合のプロセスは加速し、本来の自分に繋がれば繋がるほど、その自由自在な意識が現実に反映するので、物事はシンプルにスムーズに、驚くほど簡単になります。

アセンションを第一優先すればすべてを得る

目醒めやアセンションを人生の「第一優先」にしたなら、すべてが得られるようになります。物質的なことも、です。

このことは、確実に断言できます。なぜなら、宇宙が采配してくれるからです。宇宙はすべてを持っているので、宇宙に同調することにより、望むことはすべて得られるのです。

ですから、「苦しみや悲しみはいらない、ドラマもいらない。私は豊かなんだ」と願うなら、物質的・精神的に不安のない世界に行くことができます。〝行ける可能性が高い〟ではなくて、〝行く〟のです。

「人類ハイヤーセルフ化」のプロセス

覚醒した人々が増えていく傾向に

２０２１年の冬至を越えると、ハイヤーセルフとの繋がりが強くなる人が増えていきます。これはアセンションのプロセスに伴い、人類の〝ハイヤーセルフ化〟への流れとして起きることです。

いずれ、ハイヤーセルフを肉体にグラウンディングさせた人（意識の反転を起こした人）たちが、地上を闊歩することになります。それが、「キリストの再来」という意味でもあるのです。実際にイエスや仏陀が生まれ変わって来るのではなく、僕たちがキリスト意識や仏陀意識へと覚醒していく、ということです。

キリストとは個人の名前ではなく、「覚醒した者」という意味があり、イエス・キリストであれば、「イエスという覚醒した者」という意味になります。そういう人たちが増えていくので、地球は確実に良くなっていきます。ハイヤーセルフがこの地上を闊歩して、宇宙からの情報やアイデアを使って、物事を生み出していくのですから。

地球特有の低い周波数をどんどん外して波動を上げれば、病気もしなくなり、なおかつ覚醒していくと若返るので、今までの「お年寄り」という概念は薄れていくでしょう。人生の最後の最後まで働きたい人は働き、可能性の限りを体験し、お腹いっぱいに満喫して、肉体を脱ぐことになるのです。

ハイヤーセルフが肉体に降りるしくみ

目を醒まして生きるということは、自らがハイヤーセルフそのもので生きることであり、「ハイヤーセルフを肉体にグラウンディングさせる」ことを意味します。

これはハイヤーセルフにとっては、ディセンション（下降）です。僕たちの意識がアセンションしていくと、ハイヤーセルフの意識はディセンションするのです。

通常、ハイヤーセルフは肉体を取り巻くように存在していて、そこからハイヤーセルフの意識の一部が自分へと流入しています。

でも、目を醒ましていくにつれ、通常使っている自我意識がハイヤーセルフに向けて、どんどん拡大していきます。つまり、波動が上がるわけですが、そうすると一体化が始まり、ハイヤーセルフの意識は、肉体により近く降りて来ることになるのです。

これが、ハイヤーセルフのグラウンディングであり、「ハイヤーセルフそのものの状態」で生きることが、目を醒まして生きることになります。

通常は、ハイヤーセルフが僕たちをアバターのように使って動かしていますが、これからは、ハイヤーセルフそのものがこの次元に降りて来る、ということですね。

能力も肉体も変容してバージョンアップ

究極、それが〝個人レベルでのアセンション〟です。鍵となるのは、ハイヤーセルフをグラウンディングさせることだと理解してください。それを、さらに深めていくことが、アセンションするということなのです。

なぜなら、ハイヤーセルフのグラウンディングが始まると、才能などの能力面やDNAレベルでも大きな変容が起こり始めるからです。それまで眠っていたＤＮＡが起動し始めたり、細胞の本来の働きが活性化し始めたりします。

自我意識が肉体に窮屈な制限をかけてコントロールしていた状態から、その主導権をハイヤーセルフに委ねるべくグラウンディグさせた時、肉体の働きが変化します。

自我やエゴが肉体を使っている時と、ハイヤーセルフが肉体を使う時の働きは全然違います。たとえば、肉体を動かすエネルギー量も違います。と言うのも、それまでのバージョンの肉体であれば、ハイヤーセルフをグラウンディングさせることができません。だから、肉体を新しいバージョンへと、アップグレードさせる必要があるのです。

ですからまずは「目を醒ます」と決めて、ハイヤーセルフをグラウンディグする準備をしましょう。もし、いきなりグラウンディングさせるようなことをすれば、肉体がショートしてしまうからです。

ハイヤーセルフと深く繋がるために

アセンションとは、ハイヤーセルフと一体化することです。それには、まずはハイヤーセルフとの繋がりを深めることが大切です。

そのためには意識を外側に向けるのではなく、自分の内側に向ける必要があります。そうしなければ、自我との繋がりにとどまってしまうことになるのです。

それでは、ハイヤーセルフとの繋がりを強めるための３つのポイントを、お伝えしましょう。

ポイント1◉「こひしたふわよ」が不可欠

ハイヤーセルフとの結び付きを強めるには、シンプルに「好きなことをすること」です。

僕たちの意識の本質であるハイヤーセルフは、僕がいつもお話ししている「こひしたふわよ（恋ひ慕ふわよ）」の波動で振動しています。

ですので、自分の中から湧き上がる「こひしたふわよ」の感覚を追いかけていくことが、ハイヤーセルフとの繋がりを強めることになります。

「こひしたふわよ」とは？（恋慕ふわよ）

こ……心地いい

ひ……惹かれる

し……しっくりくる・スッキリする

た……楽しい

ふ……腑に落ちる

わ……ワクワクする

よ……喜びを感じる

「こひしたふわよ」に従うことは、「私は何にワクワクするんだろう?」「私は何が楽しいと感じるんだろう?」「私は何に喜びを感じるんだろう?」と、常に自分に意識を向けることになり、結果、本当の自分に繋がっていくことになります。

そしてその感覚は、外ではなく自分の内面にしっかり意識を向けていないと、捉えることができません。

ネガティブな感情も同様です。不安や心配や恐れを捉える感覚さえも、自分の内側に意識を向けていないと捉えられません。

外側ばかりに意識を向けていると、起きた出来事に対して、単に自動的に反応するだけになってしまうのです。「〇〇が怖い」「キャー！」「やだー！」などと、条件反射的に反応し、次から次に体験に使うだけで、自分の中のネガティブな周波数を捉えることはできません。

まるで、ダルマ落としのように、本当の自分（ダルマさんの頭）と今の自分（ダルマ落としの底辺）の間には、地球特有のネガティブな周波数（ダルマ落としの間にある円筒形の木片）がたくさんの層となって挟まっています。

でも、「こひしたふわよ」に従うことで、ハイヤーセルフという本質に向かって進んでいくことになり、当然、間に挟まったネガティブな周波数に突っ込んで行くことになるのです。

言い方を換えると、「こひしたふわよ」を追いかけて行けば、同時に「自分の中に潜んでいたネガティビティに触れる」体験をさせます。「こひしたふわよ」に従うと、自分の中からネガティブな感情が湧いてくるのが、一層わかるようになるのです。

不安に触れる、恐れに触れる、心配に触れる、疑いに触れる――。

それらに触れるたびに、一つひとつ自分から外していくと、そのたびにハイヤーセルフと繋がることができます。それが、先ほど「ダルマ落とし」にたとえたゆえんです。

見方を変えると、自分の中にあるネガティブな地球の周波数を捉えるために、「こひしたふわよ」に従って行動することが大切である、と言うこともできます。

自分とハイヤーセルフとの間に挟まっている不要なものを、とっとと手放したほうが、本来の自分に早く戻っていくことができますよね。

「こひしたふわよ」に従うことは、自分がハイヤーセルフ化していくための最短の近道なのです。

そうやって、好きなことをしていくと、自分の本質に繋がっていくプロセスが加速し、人生がますますスムーズに進んでいくようになるでしょう。

ポイント2◉常に自分の内側を意識する

自分の外側という、外の世界とは「イリュージョン」です。それは、自分が放っている周波数というフィルムで、「現実」というスクリーンに映像を映し出しているだけなので、自分の外側はただのイリュージョンである、と言うことができます。

その外側に映し出した映像に、強く強く意識を向けることで、僕たちは眠ることができたのです。ちょうど、テレビや映画に没頭し、ただの映像なのに手に汗を握り、本気で泣いたり笑ったりすることがあるように、眠りも、現実というスクリーンに映し出された映像にのめり込み、「感情」という周波数を臨場感たっぷりに体感しているだけなのです。

なので、外側に向けている意識を、いったん内側に向ける必要があります。単に目を閉じただけでも外側への意識が遮断されて、自分の内側に意識が向くようになります。

それを深めたものが、「瞑想」ですね。さらに内側へ内側へ、本質へ本質へと向き合うことのできるパワフルで効果的な方法なので、瞑想をするのは役に立ちます。

瞑想を習慣にすると、自分の本質であるハイヤーセルフとの繋がりが深まり、真に内面が満たされるようになります。すると、外側の現実に振り回されることがなくなり、自分の内にすべてがあることを悟れるのです。

そうして波動を上げ続け、内なる本質の自分と融合した時、僕たちはいわゆる、アセンデッドマスターの波動領域まで到達することになります。

では、どのようにして彼らに近づくことができるのでしょうか？　その手がかりについては、後ほどご説明しましょう（＊78～79ページ参照）。

ポイント3◉ワンネスの視点を持つ

ハイヤーセルフの視点とは、ズバリ「ワンネスの視点」です。そのようなワンネスの意識まで、自分の意識を拡大したければ、ハイヤーセルフの視点に立つ必要があるのです。

この世界にいる人は全員、「自分の別の側面」と言えます。感じの悪そうな人でさえも、自分。「あんなヒドイことをしている人も私なんだ」とは思えないかもしれませんが、この世界をたとえるなら、「鏡」です。つまり、自分の内に存在するものが、そのまま外に映し出されるわけです。言い方を換えれば、あなたの周りにいる人たちは、あなた自身を映し出しているのです。

目を醒ますためには、否定したくなるような相手がいたり、不快と感じる状況になった時、相手や事柄ではなく、すぐに自分の内面を見つめ、次のような視点で捉えるようにしてみましょう。

「これは相手の問題ではなく、すべて自分の問題。そして、自分の中で感じているこの不快な感覚、心地良くない感覚は本来の私のものではない。分離によって生み出された地球の周波数を感じているだけ。じゃあ、これをただの周波数として手放そう」

この世界のすべてが自分の内側の反映であるという視点に立ち、「あの人が私の一部だなんて認めたくない！」という抵抗感を手放していくのです。すると、ワンネスの意識そのものである本来の自分に繋がっていくことになります。

抵抗感を手放す時には、頭で考えるのではなく、シンプルに捉えるようにしてください。

「自分の中に居心地の悪い感情が湧いてきた。あ、これが次に私が手放すものだ」

このくらいのシンプルさでOKです。なぜなら、この「居心地の悪さ」こそが、「それ、あなたの本来の周波数ではないですよ！」というハイヤーセルフからのサインなのですから。

そうやって、本来の自分以外の周波数を捉え、それを取り除くたびに、僕たちは波動を上げ、また一歩も二歩も目を醒ましていくのです。だから、いちいち立ち止まって、この感情はどこから来るんだろう、掘り下げて突き止めよう、なんてしていたら、大変なことになります。きっと目を醒ますまでに、何世紀もかかってしまうでしょう。

目醒めが深まれば深まるほど、本当に寛容になり、他人のことも自分のことも否定しなくなっていきます。ということは、否定したくなるものこそ〝目醒めに繋がる扉〟ということができますね。

何かを否定したくなる気持ちが外れていくほど、外の出来事に引っ掛からなくなります。そして、執着やこだわりがなくなり、何が起きてもびくともしなくなります。

「そういうこともあるかもしれないね」「それを体験している人にとっては真実だよね。私にとっての真実ではないけれど」というように、完全に自分軸に一致する在り方になっていくのです。

COLUMN

必然性を理解しているのがアセンデッドマスターの視点

アセンデッドマスターとは、自らの意識を7次元以上にシフトアップさせた者を指し、その手前の6次元に存在する者は、「ジュニア・アセンデッドマスター」と呼ばれます。

今のところ、肉体を持つ僕たちが、この地球で波動を上げることのできる最も高い次元は6次元です。ですので、アセンションを望む人は、6次元を意識して進んで行きましょう。

それは、生きながらにして「人間を超えた存在」になるようなものです。

アセンデッドマスターは、非常にニュートラルな意識状態にあり、「ネガティブなこと・ポジティブなこと」という判断はしません。

わかりやすく言うと、もし、彼らが目の前で大事故を目撃しても「事故が起きている」とは思っても、「大変悲惨なことが起きている」とは思いません。事故が目の前で起きているという事実を、ニュートラルに観察する意識、と言ってもいいでしょう。

「あっ！　乗ろうとしてた電車が行っちゃった……なんてヒドイの……」

ヒドイことなど起きていません。いつも通り、予定通りに電車が発車しただけです。

「人が倒れてる、大変！」

大変なことが起きているのではありません。人が倒れているのです。

つまり、目の前の出来事に一切のジャッジをしないこと。ニュートラルにただ状況を観察すること。しかも、単に傍観しているのではなく、すべてが深いレベルで必然的に起きていることを完全に理解したうえで、「観察者」として出来事を眺めるのが彼らの視点です。

だから、何が起きようとオールオッケーです。「必然的に起きている」という理由がすべてわかっていたら、いちいち反応する必要がなくなりますよね。「どうしてこんなことが起きたの？」という疑問も湧かないわけですから。

とは言え、これは口で言うほど簡単なことではありませんから、そういうレベルまで意識を高めるのは、気が遠くなるようなプロセスに感じるかもしれません。でも、もしあなたが今世、目を醒まし、アセンションしていくことを願うのであれば、すべての体験がそこに向かっていくためのプロセスだということも知っていることと思います。

ですから立ち止まるよりも、ワクワクして先に進んで行くことを選ぶでしょう。そのような人は、アセンションのプロセスが、これから加速の一途を辿ることになります。

Q&A

目醒めと記憶の関係性について

Q 一般的に、歳をとるほど物事を思い出しづらくなっていくなど、記憶に自信のなくなる人が増える傾向にあります。これとは別に、歳をとるほどに意識が目醒めていくと、脳の働きや記憶力はどうなりますか？

A **〝今この瞬間〟にいると、だんだん過去の記憶を持たなくなりますが、本当に必要なことは、ちゃんと思い出すことができます。**

僕はよく「目を醒ますと、だんだん頭を使えなくなる」とお話ししています。認知症など、何らかの物理的な障がいが起きている場合は別にして、目を醒ましていくことで、一秒前までの記憶がなくなっていくような体験をすることになります。なぜなら〝今この瞬間にいるようになるから〟です。

今この瞬間にいると、記憶を持たなくなります。正しくは「今ここ以外がなくなる」のです。今この瞬間に100％意識が集中することになるので、過去や未来に意識が飛ばなくなります。

その時、僕たちは、毎瞬毎瞬、過去や未来に捉われない、真っさらな新しい自分で存在できるようになります。

そもそも脳は受信機の役割を果たしていて、目を醒ましていくほどに、クリアな受信機になります。そして、「記憶を持たなくなる」と言っても、過去の記憶を取り出すことはできます。

脳がクリアな受信機の状態であれば、「あの時に何があった？」と思いを馳せた時、当時の情報を〝瞬時に拾う〟ことができるのです。それは、自分の意識場の中にいっぱい浮かんでいる、今まで体験した出来事におけるエネルギーを記憶として取り出すことを意味します。

記憶を持たなくなることは、常識的に言われる「歳をとっていくと物忘れしやすくなる現象」と見分けがつかず、自分が進化しているのか、退化しているのか、気になる方もいるでしょう。

それに関して高次の存在は、今、こう伝えてきています。

あなたがイキイキしていたら、進化しています。

気持ちがふさいでいっているのであれば、退化しています。

それを目安にしてください。


僕自身、午後になると、午前中のことはすっかり忘れているほどです。そして、それでいいのです。

忘れっぽくても気にしないでください。脳の健康のためにも今をイキイキと生きていたら、それで十分です。その瞬間に意識を研ぎ澄ませていれば、それでいいし、いちいち過去のことを思い出さなくても大丈夫。

そういう意識でいると、必要なことはちゃんと思い出せるようになっていきますから。

Q&A

「こひしたふわよ」について

Q「こひしたふわよ」で生きると、どんな人生になっていきますか？

A 本質の周波数である、豊かさ・幸せ・ワクワク・喜びを体験する人生になります。

本来の自分というのは、愛や豊かさそのものの意識なのです。本当の自分に一致して生きていくと、その愛や豊かな意識がフィルムになって、現実という映像を映し出すので、変な言い方かもしれませんが、どうせ愛のある人間関係も豊かさもお金も手に入ることになります。

つまり、本来の僕たちにとって、人生が上手くいくことも成功することも、自然なことなのです。今までは、結果を得るために、努力や一生懸命というのを重ねてきましたが、本来の意識で存在しているだけで、思ったことは頑張ることなく、形になってしまいます。

僕たちは本来の自分に繋がれば繋がるほど、なりたいものには何でもなれて、やりたいこところは何でもやれて、行きたい所へはどこへでも行けるという、自由自在な人生の流れを体験することになるのです。

「ワクワクすることに動いてみる」ことが大切です。

「今できるワクワクすること」から始めてください。何か大きなワクワクすることを探さなきゃ、と身構える必要はありません。選択肢は毎瞬やって来るので、まずは小さなワクワクから追いかけて行きましょう。

「どれを食べようかな？」「どっちに行こうかな？」「どれが良いかな？」

ワクワクというのがよくわからなければ、何であれ、その時の自分にとって心地いいほうを選ぶこと。これが、「こひしたふわよ」の感覚です。

「どちらかと言えば……、強いて言えばだけど」というようなレベルでも、「こひしたふわよ」を選んでいく。さらに「こひしたふわよ」を選んでいく、さらに「こひしたふわよ」を選んでいく。そうして、本来の自分に繋がっていけばいくほど、もっと惹かれることやワクワクすることがよくわかるようになり、結果的に、好きなことが仕事になったりするのです。

自分の「こひしたふわよ」に従う際、頭で考えるのではなく、ハートの感覚に従ってほしいですね。

たとえば、こんなふうに「こうすべき、ああすべき」と思いを巡らせるのは、ハートではなく、思考を優先させていることになります。

「あぁ、お肉美味しそう！　ステーキを食べる時、すごい幸せな気持ちになるんだよね……でも、野菜のほうが身体に良いはずだから、お肉はやめておこう……」

あるいは、「最近、飲み過ぎだな。これ以上は身体も『いらない』って言ってるんだよね。でも、楽しいからいいか！」

そう言い聞かせて、飲み続けたとします。そして翌朝。

「あー、二日酔いで気持ち悪い、もう絶対飲まない！　いい加減、お酒を控えよう！」

でも、また夜になると飲んでしまい、こんなふうに思います。

「だって今、楽しいんだもん。明日はツライかもしれないけど、『こひしたふわよ』に従って過ごそう！」

そうして、また次の日。体はツラく、半日をダメにしてしまうのです。それが、心からの喜びであれば良いでしょう。でも、心地良くないこととわかっていながら、なおかつ体を痛めつけていて、それが本当に「こひしたふわよ」なのでしょうか？

しっかり、ハートで感じてみてください。

「こひしたふわよ」チェックリスト

- これにより、自分の信念体系を洗い出すことができます。
- 自分の中から出てきた「できない」という思い込みこそ、統合のために手放さなければならないものです。

- これにより、意識が「できる」方向に向き始め、できる要素が見えるようになっていきます。すると突然、突破口を見出すようになります。
それが自信にもなり、それをきっかけにして、自分の中の統合が進んでいきます。

「そんなことできない」「難しい」などという気持ちが湧いてきたら、「できない理由」を書いてください。	逆に、「こうしたらできるんじゃないか」という考えを書いてください。	実践できたものにチェックを入れていきましょう。

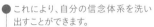

WORK なりたい自分を実現させる

頭の中で考えていても踏み出せないことがありますが、
書くことで明確化し、行動が起こしやすくなります。
行動を起こしていけば、それを実現させるためのエネルギーが動き始めます。
まずは、「こひしたふわよ」に従って行動をスタートさせることが大切です。

あなたが今すぐにでも取り組める「こひしたふわよ」を10個書いてください。	それを、いつまでにやりとげるのか、日付や期間を決めてください。
1	
2	
3	
4	
5	
6	
7	
8	
9	
10	

第3章

高次存在たちからのメッセージ「2022年以降の地球社会」

2021年冬至以降、アセンションへと向かう流れの中で
社会や人々はどうなっていくのでしょう？
高次存在が語る、
時代の波に乗る生き方へシフトする方法とは？

高次存在から見た今後の世界

グループ意識が伝えてくるメッセージ

今後、この地球と人類はどうなっていくのか、高次存在たちは折に触れ、僕に語りかけてきます。この章では、２０３８年前後が予定されているオープンコンタクトまでに、社会や人々がどうなっていくかについて、彼らからの視点をお伝えしましょう。

高次存在たちは、僕のもとへグループでやって来ます。この本を書いている今も、プレアデスの存在などの宇宙種族がやって来ています。アシュタールを始めとしたアセンデッドマスターたちも、そばにいます。

僕へと伝えられるメッセージは、個別の存在からのものもありますが、基本的には〝彼らの平均的な意見〟だと思ってください。

と言うのも、僕のもとにやって来る時に、彼らは「グループ意識」を作り出します。それは彼らの意識を平均値化したものであり、僕はそこから情報を引き出しているからです。

このグループ意識にコンタクトをすることもあれば、アシュタールなどの単体の存在から情報を受け取ることもあり、その時どきで異なります。ですので、毎回同じメンバーや相手ではありません。時には、意外な存在がやって来ることもあります。

これから、ジャンル別の質問に対する高次存在からの答えを、チャネリングメッセージとして降ろし、なおかつ僕からのコメントも添えていきます。質問への答えは、彼らが瞬時に伝えてきたものです。

人々の繋がり方の傾向

人々の精神面や指向性の傾向は、変わっていきますか？毎年進むごとに変化がみられる傾向とは？

現段階で、僕たちの意識レベルは、さまざまな意識が混ざり合っている混沌とした状態です。でも、目を醒ましていくことは、意識を限りなくクリアにしていくことです。

今まで使っていた、「地球特有のネガティブな周波数」を手放していくと、濁りが取り除かれて、意識が澄んできます。つまり湖が澄んで、水底まで見えるようになる、そんな感じです。

そうなると、本質が明らかになり、その人の持って生まれた才能や資質が浮き彫りになってきます。わかりやすく言うと、アニメが好きな人はアニメ一色に、科学が好きな人は科学一色になっていき、その人の傾向があらわになってくるのです。

ワンネスの意識状態になっていくと皆が平均値化されると思う人もいるようですが、そうではありません。逆に、個が目立つようになりながらも、調和が取れてくるのです。部分的に見るとバラバラのようでも、全体的に見れば、ちゃんと調和が取れている、そんな状態になります。

なぜなら、ワンネスの意識とは全体を含む意識なので、個人のためは全体のため、全体のためは個人のため、という構図になるからです。

高次の存在たちは、こう言っています。

だからこそ、逆に個が際立つ。
なぜなら、自分が何を良しとして、何を良しとしないのか、
何が好きで、何が好きではないかが、明確になるからだ。

そして、自分に嘘がつけなくなってくるため、
周りに合わせて「本当の気持ちを表現しないようにする」ということがなくなり、
その結果、さらに個が際立ってくるのだ。
すると、赤の人、黄色の人、緑の人というように
それぞれの本質という特色が、だんだん目立ってくるようになる。
それが、第一段階だ。

そして第二段階は、赤の人は赤の人同士、黄色の人は黄色の人同士で集まる、
というように、コミュニティができていくだろう。
本当の自分に繋がるほどに、磁力的な吸引力が働くため、
方向性がより明確になった者同士が、グループを作っていくのだ。

これは一見、分離に見えるかもしれないが、
その人それぞれのカラーを最大限に活かすことになり、
結果、全体的な大きな和合を作り出すことになる。

✦

たとえるなら、僕たちの意識は、今はいろいろな色のマーブルチョコレートが混在しているような状態。しかも、自分が何色なのかも見えていません。

本当は赤なのに、黄色になりたいと思っていたり、本当は緑なのに、青のほうがいいと思っていたり……。

✦

でも、本来の自分は何色なのかを明確に知ることが、
目を醒ましていくプロセスで起きてくる。

余計なものがそぎ落とされて、自分に嘘をつけなくなるから、

「自分は緑だと思っていたけれど、本当は赤だった」

ということに気づこうとしている。

そうして、２０２１年以降は「個」が際立ってくる。

自分に嘘をつけなくなってくると、
自分が赤だったら、自分のことを黄色と言ったりしないだろう。
「自分は赤だ」と堂々と認められるようになる。
それは単なる思い込みではなく、
「自分は赤で良かった」と受け入れられるということだ。

✦

そうなってくると、例えば、赤の人がいたら「えー、あなたも赤の人だったんだ？」と仲間が集まって来て、コミュニティができていきます。
なかなか社会に馴染めないようなマイノリティの人もいると思いますが、大丈夫。そう思っていた人たちが、それぞれの個性を堂々と発揮し、自分はここにいるよ、と発信し始めるので、同じような人を探していた人たちから見つけられるようになり、コミュニティという仲間を得ることができるようになるためです。
「そこにいたんだ！　なぜ、今まで言ってくれなかったの？」と集まって来ることになります。本当の自分になると、吸引力が働くようになるのです。

アシュタールがこう言っています。


似た者同士が集まったら、それぞれ特有のグループ意識を形成することになる。

そうしたグループ意識同士が繋がっていく。

それぞれが本来の位置につけば、すべてが調和するようになる。

それがナチュラルな状態なのだ。


一般的に、人間関係は性格やタイプの違いで補い合うのがよしとされたりしますが、これからは似た者同士のほうがうまくいきます。

第一段階で、本来の自分の波動とマッチする人たち同士が集まることになり、それらのグループごとの性質が、より際立つことになります。

平均化していくのではなく、赤はより赤く、黄色はより黄色になりますが、かといってそれぞれのグループ同士は敵対しているわけではないので、ぶつかることはありません。なぜなら皆、それぞれ本来の位置に戻るからです。

ふるさとのような本来の居場所に身を置くことで、完全な平和と調和と安全であるという意識のもと、違う色（グループや個）とも繋がり始めるのです。

その位置にまずは戻るべく、自分の本質に繋がっていくことが大切です。


第二段階では、本当の意味で気の合う者同士で交流するため、天国のようになります。お互いに、深いレベルで理解し合えて楽しくて、真の調和を体現し、誰をも自分をも侵さない。そうして、本来の自分の居場所にピタッとはまることになるんです。

今まで孤独を感じていた人たちも、目を醒ますことを決めたら、今とはまったく違う意識状態へ移行することになるでしょう。

「こんな環境に生まれて来て、間違いだったんじゃないか？」「どうして、生まれて来ちゃったんだろう？　こんな思いをするなら死んだほうがましだ」と感じている人が、「生きていて良かった！」「生まれて来て、本当に良かった！」と感じられるような状況へと変化していくのです。


そういう流れの中にいるので、これからは自分と似たタイプの人と繋がり合うようになることを、意識しておくといいでしょう。

それは、自然なプロセスの中で起こり、本来の自分を理解すればするほど、ありのままの自分で生きるようになるので、その周波数に惹かれるように同じ波動を持った人たちが、あなたの人生に引き寄せられるようになるのです。

高次存在が、こう伝えてきています。

✦

似た者同士、似たような振動数で振動し、存在しているため、趣味や嗜好が似るだけではなく、見かけもそれとなく似ているだろう。

「雰囲気は似ているな……でも、顔形のパーツはあまり似ている感じはしないんだよな」と思っても、「でも、やっぱり似ている」というように見えてくるものだ。

✦

そのためにも、第一段階は、ありのままの自分になっていくこと。僕が、自分軸に一致することの大切さをお伝えするのは、そのことを言っています。自分軸に一致していけば、本当の意味での個が浮き彫りになるからです。

ネット社会とAI化

ネット社会もAI化も、ますます進んでいく中で
特にAIについては、いずれ人間が凌駕されるのではと危惧する向きもみられます。
AIと、どう付き合ったら良いのでしょう？

やはり、ネット社会やAI化は、ますます進んでいくことになります。高次の存在たちは、このように伝えてきています。

✦

これからの社会においては、AI化が進み、主流になっていくだろう。
ただし、そうなった時に、人間がAIに使われるようなことがあってはならない。

ＡＩを使うのは、あくまでもあなた方である。
ＡＩに依存するのか、ＡＩを上手に使っていく側に立つのか、
これがとても大切なポイントになる。
つまり、あなた方が、依存という自己責任の放棄を超えて、
意識や波動を高めていくことができれば、
ＡＩに支配されるのでないか、という懸念は払拭されるだろう。
そして、ＡＩに限らず、誰かに依存する、何かに依存するという意識から
抜けていくことで、あなた方は統合意識へと至ることになるのだ。

そのように統合された意識状態になることで、
あなた方は、ＡＩを上手に使って、ＡＩと共存していくことができるようになる。
でも、そうではない者たちはＡＩに依存し、結果、ＡＩに使われることになる。

だから、くれぐれもあなた方がＡＩを使いこなしていけるようになるまで
自分たちの意識と波動を上げていくよう、取り組んでいきなさい。

住む場所

10年前に比べ、田舎に移住する人も増えてきています。都会と田舎に住む人の比率は、どうなっていくのでしょう？

✦

2021年の冬至を越えて、さらに多くの人たちが住環境を変えていくことになるだろう。

より豊かな自然を求めて、都会の喧噪を離れていくのだ。

つまり価値感が変わり、

もっと自然に近いスタイルで暮らしたいと考える人たちが、

圧倒的に多くなっていくということだ。

そして、自然の豊かな環境に身を置くほうが、

本来のあなた方にとってはふさわしい。

だからといって、「自然の多い場所に行かなきゃ！」
というふうにはならないでほしい。
あなた方の心の声、つまりハイヤーセルフが
そうした場所へと促したら、その声には従いなさい。

✦

これは、僕たちのライトボディ化のプロセスとも関係しています。もちろん、都会に住んでいたら、ライトボディ化できないということではありませんが、自然にはパワフルな浄化作用があり、なおかつプラーナという、僕たちの本質における栄養素が豊富に満ちているため、霊的成長を加速させることのできる条件が整っているのです。

とにかく、一番大事なのは「自分と波長の合う場所」に行くことです。ハイヤーセルフに従っていれば、ちゃんとそこに導かれていきます。だから、まずはハイヤーセルフに、その意図を放っておきましょう。

「私を最善・最高の場所へと導いてください。ありがとう」
「私が最善のタイミングで、最高の場所にいられるようサポートしてください。ありがとう」
そう依頼してみましょう。これは、シンプルですがパワフルな祈りになります。

家族の形態

近年では未婚率や離婚率が上がり、「シングル」が増えています。この傾向は、さらに増長するのでしょうか?

独身傾向は、やはり増えていくことになる。
そして、少子化の傾向も増えることになるだろう。
このような傾向は、これからの新しい地球にとって、人口率を含めて最善の環境へと、自然な調整がなされているからだ。

そうした中、人々の意識や価値感も変化し、カップルという形はとっていても結婚はしないなど、結婚という観念や概念も変わってくることになるが、それは出生率にも影響することになる。

日本の人口密度はさらに減る。
「最適化」へと導かれるために。
つまり、このことによって
日本が廃れていってしまうということではなく、
より良く機能していくための最適化が起きているのだ、
と捉えると良いだろう。

言い方を換えると、今までは人口密度のバランスが崩れていたのだ。
もちろん、地域によっても違いはあるが、
相対的に人口密度が高かったと言えるだろう。

政治や経済における新たな形が、
本格的に動き出し始める２０２４年以降、
人々の意識が、また大きく変わるターニングポイントを迎え、
社会的な情勢はより良くなっていこうとしている。

✦

望むと望まざるとにかかわらず、日本の人口は「最適化中」ということですね。

子育て&コミュニティ

離婚する人が増えるとともに、シングルマザーでの子育てがクローズアップされる時代になりましたが、負担は減っていくのでしょうか？

✦

子どもができて、シングルマザーという立場になった時、これまでは、母親がずっとその子どもを抱えて、朝な夕なに働いて頑張るような環境が常だった。
しかしこれからは、志や向かう方向性を同じくするさまざまなコミュニティができてくるようになり、そうしたコミュニティにおいて、皆で子どもを育てるようなことも起きてくる。

すると、シングルマザーの物理的・精神的な負担が減ることになり、

子どもたちも寂しい思いをすることが減り、
あなた方の知るところの、江戸時代のようなコミュニティが、
これから出現することになるだろう。

テーマ・用途によっても、それぞれ趣味嗜好が合う人たちが集まって、
さまざまな形態のコミュニティが作られる。
その規模は、大きなものから小さなものまでいろいろである。

✦

これから世の中は、新しい在り方になっていきます。今までの文化で近いものと言えば、「江戸時代の長屋」のような感じですよね。昔の長屋って、時代劇でも描かれているように、何の関わりがなくても、近所の子どもに「良かったら、うちでご飯食べていきな」みたいな寛容さと親密感がありました。そんなふうな感じですね。

もちろん、それそのものではなくても、それに近いものが全国的に拡がっていくようです。そうなれば、社会は大きく変わるでしょう。コミュニティは現在でも各地にありますが、今後できるコミュニティは内容も規模も違ってくるでしょう。

今はまだ、〝よくわからない、変わり者の集まり〟みたいな目で見られることもあるかもしれません。場所によっては、宗教団体なんじゃないか、という目で見られるところだってあるでしょう。でも、これからは、まったく違う種類のものになっていくのです。

働き方

現在、すでに働き方は変化してきていますが、今後、どのようになっていくのでしょう?

✦

副業率がますます増えることになるだろう。
つまり、さらに自分自身と一致する人たちが増えてくるので、より自分のやりたいことが明確になり、行動を一致させる人たちが増えてくるからだ。

すると、これまでの自分と一致しない仕事は辞めて、
自営をする人たちが増えてくる。
それも1つだけではなく、2つや3つというように
本当にやりたいことを二足のわらじや三足のわらじを履きながら、
働く形態が増えてくるだろう。

「老後の安定のために、この会社で定年まで働きたい」というような
縛られた状態から、解放される人たちがどんどん増えてくる。
そのような人たちは、自分のために何かを始めてみることに
自然と意識が向くようになる。
なぜなら、自分と一致することで、
今まで以上に、何が大切で何が大切じゃないのか、
何が必要で何が必要じゃないのかが明確になり、
本当の意味で人生を楽しむようになるからだ。

これは、「こひしたふわよ」に従って生きる人たちが増えていくことを意味しています。そして、僕たちがこのような本質にのっとって生きる時、今までとは比べものにならないほどの、豊かさと幸福感に満ちた人生へとシフトすることになるのです。僕たちは、生まれながらにして幸せになる権利があります。

あなたは決して、我慢して頑張らなければ豊かになれない存在なのではありません。本来の僕たちは、真に自由な意識なのです。そういう意味でも、決して会社や社会に縛られないことです。もちろん、会社が大好きで、そこで働くことにワクワクするなら、それは素敵なことですし、幸せなことですよね。

✦

趣味や余暇をもっと大切にする人たちが増えるだろう。

働くということについても、今までのように

「生きるために働く」という意識ではなく、

「自分の喜びのために働く」という意識に転換する人たちが増えてくる。

それは会社の組織の在り方も、大きく変えることになる。

たとえば、ある複数のメンバーで、会社組織を作ったとする。
でも、その会社を維持していくのに、
当初のメンバーがいなければならない理由はないということだ。

わかりやすく言うなら、3人で会社を立ち上げたとしよう。

それぞれが、自分の本質に一致したワクワク感で成り立っているだけで、
お互いに依存し合っていない関係性の中で、そのうちの1人がこう思う。

「もう、この仕事には情熱を注げなくなってきたな……。それより、あっちのほうにすごく惹かれる……あれを仕事にしたら、どんなにワクワクするだろう！」

（他のメンバーに向けて）「俺、この仕事を辞めることに決めた。

もっとずっと楽しいことを見つけたんだ」

（他のメンバー）「そうか、それは良かったな！　わかった、しっかり楽しんでこいよ！」

主要メンバーのうちの1人が抜けた状態にもかかわらず、
残った2人は依然としてワクワクしながら仕事をしている。
すると、そのワクワクのエネルギーに引き寄せられるように、

自分もワクワクしたいという人が、
1人抜けたそのスペースにスッと入ってくるのだ。

そして、当初のメンバー以外の人と、ワクワクの感覚がベースになった
1つのチームを作り、また新たなスタートを切る。
でも今度は、当初のメンバーである2人が
「最近、この仕事に対してワクワク感がなくなってきたな……。
それよりも、もっとワクワクすることが見つかった！」
そうなった時、残った者は
「自分1人で、これからどうすればいいんだろう……」とはならず、
「それは素晴らしい！　ぜひ行ってらっしゃい！」と言う。

なぜなら、その人は、自分が心からワクワクしていれば
そのワクワクのエネルギーに引き寄せられるように、
空いたスペースに、新たな人や物が入ってくることを知っているからだ。

そうして、それぞれが自分の本質に一致しながら
ワクワク楽しく存在していれば、
必要なものが必要なタイミングで、まるでパズルのピースがはまるように、
人生に入ってくることになるのだ。

ただ、旧態依然のやり方から抜けられない人たちは、
結局、新しい主流からは外れていかざるを得なくなる。
つまり、破綻・崩壊していくことになるのだ。
だからこそ、これからのあなた方には、
「柔軟性」が何よりも求められることになる。
今までの、「こうであるはず、こうであるべき」という頑なな物の見方や
捉え方を改め、進んで変化していくことが大切になるだろう。
それが、これからのあなた方の人生に光をもたらすか、闇をもたらすかの、
大事なポイントになるのだということを、肝に銘じておきなさい。

✦

「会社の組織の在り方のたとえ話」は斬新ですね。

この場合、当初のメンバー3人は「意識の使い方を熟知している人たち」です。なぜなら、第1章でお伝えしたように「意識の使い方を理解する人たちが現れてくる」（＊33ページ参照）からです。

今までとは違う意識で、まったく新しい働き方をするようになるなんて、楽しいと思いませんか？　僕はこういうことを知ると、「へー、こんな変化の仕方をしていくなんて、これからどうなっていくんだろう!?」って、心からワクワクします。

食と食生活

ライトボディ化には、波動の重いものは食べないほうがいいとされますが、食に対して、人々はこれからどういうふうな関わり方になっていくのでしょう？

この質問に関して、開口一番に伝えてくるのは、以下の内容です。

だんだんと、肉を食べたいという欲求が少なくなり、
肉の消費量が減ることになるだろう。
２０２１年の冬至を越えても、突然肉食が止まるわけではないが、
明らかに減っていくのがわかる。
人々の意識が変わっていき、
「それは、これからの人類が食べるべき必須のものではない」
ということに気づき始めるのだ。

✦

そして、そうした意識を持つ者は、ベジタリアンやヴィーガン、
あるいはフルータリアンという傾向へと、自然に変化していく。
そして、自分にとって必要な食事の量も体感でわかるようになるため、
自然と食欲も減ってくることになる。

つまり、自分のエネルギーを回していくために
そんなにたくさんの量は必要ないということに気づき始める。

たとえば現在、成人の男性には、１日これくらいのカロリーが必要、
という目安があったりするが、
そういったものの常識が見直されるようにもなるだろう。

なぜなら、あなた方はプラーナという目に見えないエネルギーによって
栄養を摂取することが可能になるからだ。
すると、その分で賄えるのに、さらに食事で補ってしまうと、
摂り過ぎになり、栄養過多に陥ってしまう。

波動やエネルギーの変化に敏感になっていくあなた方だからこそ、
自分が食事を摂っている際に
「ああ、もうこれは必要ないな。こんなに、たくさんの量は必要ないな」と
自然にわかるようになるだろう。

✦

高次存在たちが推奨するのは、「ヴィーガン食」です。

「基本的に、今のあなた方にとって、動物は食べるものではない」とハッキリ言ってきています。つまり、現代の僕たちにとって、動物性のものを摂取するということは、本来食べるものではないものを摂取するということになり、それは、僕たちのライトボディ化を遅らせる、ひとつの原因になり得ます。

動物性ということは、肉以外にも魚や卵、牛乳やバターなども控えたほうが良いことになります。ただし、今、高次存在たちがこうも伝えてきています。

✦

「こうしなければならない、ああしなければならない」と、あまりストイックになり過ぎると、かえって偏ってしまうのであなた方の内なる叡智の促しに従って、自分のペースで進めていきなさい。これは、完全に選択の問題であって、肉食を続けたらアセンションができないというものではない。ただ、あなた方の肉体の叡智が、もう必要としていないのを感じたら今までの習慣で食べるのではなく、肉体の促しに従って、思いきってやめることも大切であることを、頭に入れておくと良いだろう。

そうして、食事の内容を変えた結果、自分の肉体や精神に、どのような変化が現れるかを、じっくり観察してみると良い。

そうすれば、ますます肉体の叡智に従うことの恩恵を知ることになるのだから。

✦

流れの本流に乗れた人たちは、ゲートが閉じる2021年の冬至以降、その後に控えるアセンションに伴うライトボディ化に関係して、食への意識が高まるでしょう。

自然と体が、「エネルギーの高いもの＝波動の高いもの」を欲するようになり、そういうものを摂取するようになるのです。そうした意味では、急にブレサリアン（呼吸のみで生きる人・不食）にはならなくても、ベジタリアン、ヴィーガン、フルータリアン、リキッダリアン（液体食のみ）など、さまざまなスタイルの食事の形ができてくるわけです。

でも、肉が本当に好きで食べたいなら、ぜひ、そうしてください。言い訳も、もっともらしい理由もいりません。何も間違っているわけでも、悪いことでもないのですから。

僕の場合、食べるのが好きで「お肉も食べますし、お酒も飲みます」とあえて公言しているのは、「あなたが惹かれる、好きなものを食べていいんですよ」ということをお伝えしたいからです。

スピリチュアルな活動をしているからとか、目醒めのためだからという理由で、肉や魚を食べちゃいけない、お酒を飲んじゃいけない、ということでは決してありません。

高次の存在は、さらに伝えてきます。

２０２４年頃になると、

人々の食への意識がかなり変わるだろう。

スピリチュアルな分野だけではなく、

一般的にも、少食や不食の傾向が目立ってくるようになる。

現代は飽食の時代と言われているが、それとは逆に

「粗食」といったものがクローズアップされてくるのだ。

そういった意識を持つ人たちが、

２０２４年以降には増えてくることになる。

COLUMN

プラーナだけで生きることも可能に!?

〈意図を設定すればプラーナを摂取して生きられる〉

世間では健康面や栄養学の視点から、食事法についてさまざまな見解がありますが、もしフルータリアンを超え、リキッダリアンをも超えて、プラーナで栄養をまかなえるブレサリアンになったなら、栄養学そのものが意味をなさなくなるでしょう。

栄養学はあくまで、僕たちが食事をする前提で大切な情報になりますが、食べなくなれば、それも必要なくなるわけです。

さて、今という時代は、本気で望めば多量のプラーナの摂取が可能です。それができる時代を迎えているのです。

だから、もしそれを望むなら、まずは「私はプラーナ食で生きていく。そのための準備を始める」と決意して、意図を設定してください。

その意識が磁力的になり、引き寄せの法則が働いて、あなたにとってブレサリアンになるための最善の情報や方法が集まってくるでしょう。

ただし、食はまだまだ、多くの人にとっての楽しみのひとつでもありますよね。だから、どういった食生活にするのかは、個人の選択次第です。自分自身とよく相談しながら、ゆっくり焦らず移行するようにしてください。

一日三食だろうと、一食だろうと、断食しようと、それはただの選択にすぎず、優劣などではありません。でも、進化のプロセスにおいて、おのずと波動の高い純粋なものを欲するようになるので、今までは見向きもしなかったものを食べたくなったりもするでしょう。

〈劣化知らずの不食と不老不死は実現できる〉

本来、ブレサリアンになっても、痩せ細ってしまうことはありません。でも、「食べなければ痩せてしまう」という観念を持っていると、不食を実践した時に、その通り痩せてしまうでしょう。

実際、病気になって亡くなってしまう人もいます。なぜなら、「食べなければ栄養が摂取できない」

「栄養失調になったら病気になってしまう」
「病気になれば死んでしまう」
という観念を、順次使って体現していくからです。

逆に言えば、ブレサリアンになることは、「食べなければ痩せてしまう。栄養摂取できなければ病気になってしまう」といった、あらゆる恐怖や固定観念を手外すことで、ようやく実現できるものなのです。

だから、不食になっても、いたって普通でいられます。それどころか、不老あるいは不死になることさえ、エネルギー的な観点から観れば可能です。

これらは選択であり、極限まで高めた純粋でパワフルなエネルギーを不老に使うのか、不死に使うのかを選ぶのです。

肉体を維持している間、老いないどころか、若返る方向にエネルギーを使う人もいれば、肉体を好きなだけ維持することにエネルギーを使い、その後は自分の意志で肉体を脱ぐ存在もいます。

たとえば、ヒマラヤの奥地に住んでいるマスターたちがそうです。不老不死は完全に可能であり、決してファンタジーなどではありません。

癒しの水「ライトウォーター」

「食」以外で、ライトボディ化を促すものがあれば教えてください。

✦

光と共鳴することで、ライトボディを活性化させることができる。
あなた方の飲む水に、青白い光を満たすと「ライトウォーター」になる。
それを作って飲むといいだろう。
この水を作るには、単に「青白い光でいっぱいに満たす」と意図し、
その光が目の前の水に満ちていくのをイメージすることで、それはなされる。
時間にすれば、10分程が理想だが、
あなたの意図の込め方と集中度合いに応じて、
短い時間でも効果的なヒーリングウォーターを作ることができる。
できれば純粋な水のほうが、望ましい。
ペットボトルで売られている水は、あまりお勧めはしない。

なぜなら、水というのはプラスチックの波動に触れることで、非常に劣化するからだ。
では、どのような水が適しているのかと言えば、
一番望ましいのは、湧き水である。

さて、ライトウォーターを摂取することは、
あなた方のライトボディ化を促進させるための、効果的な方法のひとつである。
パワフルな意識の力を使うことで、ヒーリングウォーターを作り出すことができる。
そして、あなた方にとって、意識の使い方をマスターしていくことが
アセンションするということでもある。

✦

こんなことを、アセンデッドマスターのエルモリアが伝えてきました。
彼は、「ライトウォーター」を作って飲むことを、勧めていますね。僕自身も普段から
「ライトウォーター」がお気に入りで、作って飲んでいます。
ちなみに、ホ・オポノポノの「ブルーソーラーウォーター」という癒しの水も有名ですが、
これは、それとは違うものだそうです。

COLUMN

人体の「ライトボディ化」について

〈肉体と存在感の透明感が増していく〉

人々は、現在すでに肉体の構造が変わり始めています。肉体の組成は、炭素ベースから珪素ベースへと変化していて、それはクリスタルの組成と同一のため、一層光を蓄えられるようになります。

クリスタルは光を集める性質があるため、肉体が「クリスタルのように光を保有できる器」へと進化していくのです。

肉体レベルで言えば、透明感が増していき、浄化が進んでいくので、その人の存在感そのものにも、透明感が出てくることになります。

たとえるなら、ホログラムのように、どこかに存在している実体が、何もない空間に投影されているかのように見えることもあるでしょう。

あまりにも自分とかけ離れた周波数を持つ誰かがいたら、その人の存在感に違和感を覚えるかもしれません。あるいは、それと同じように、高い周波数で存在している人の姿が、見えないこともあるのです。

また、透明感といっても、肌にどんどん透明感が出てくるということではありません。もちろん、アセンションのプロセスにおいては、肉体レベルでも変化するので、肌質にも変化は現れます。だからといって、鏡を見ながら、「自分の肌には透明感がない……」などと、肌状態をアセンションの基準にはしないでください。

変化における体験の内容には、個人差がありますが、おうおうにして相手に与える印象として、非常に軽やかで、雰囲気や存在感に透明感が出てきます。もちろん、オーラもクリアで、拡がりも大きくなります。

僕たちは、自分の周波数を通してこの世界を見るので、ありのままを捉えるのがなかなか難しかったりします。その点、写真だとニュートラルにありのままを写し出すので、透明感やその他の変化を見分けやすいかもしれません。

〈眠りの意識状態の人は真逆の人を苦手に感じる〉

これは優劣ではなく、状態の違いという意味ですが、波動があまりにも低い状態、つまり、深く眠った意識の状態だと、目醒めた意識状態の人を見た時に、目をそらしたくなることがあります。

なぜなら、自分の中にある「見たくないもの」に触れることになるからです。

目醒めた意識状態の人というのは、ありのままの自分で存在しています。それに対して、眠った意識状態だと、ありのままではなく、仮面をかぶっています。自分の隠しておきたい面を見せたくないから、本音と建て前があるわけです。

その部分が、目を醒ましている人のありのままの姿で存在する周波数、つまり高い周波数によって刺激されてあらわになり、「見透かされる」みたいな感覚に陥ります。

それが不快で、辛いので、相手を敬遠し、「見たくない」と思ってしまうのです。もちろん、こうした心の動きは無意識に行われるため、それとは気づかないことがほとんどです。

そして、それがもっと顕著になると、自分の中にある見たくないネガティブな感情が次々とあぶり出されるような体験をすることになるので、「あの人、イヤだな。大嫌い！」という状態になる人たちもいます。

「目を見れない」「その人を見たくない」という思いに駆られるのは、こうした理由もあるのです。

〈DNAが活性化して若返ったり、超常能力が発動〉

アセンションのプロセスで肉体構造が変化していくと、「肉体的な時間の逆行」が起こり始めます。

その影響で、年齢よりはるかに若く見えたり、一般的な年齢における体力も超えて、エネルギッシュになります。

これは、今まで封印されていたDNAが活性化し、通常の2重らせん構造のDNAが、本来の12重らせんの状態へとシフトアップしていくプロセスが開始されるからです。

僕たちのDNAは、本当は12重らせんどころでなく、24重らせん、36重らせんというふうに、もっと可能性を秘めています。

レムリアやアトランティスの黄金期と呼ばれている時代には、24重らせんを活性化している者、または36重らせんを活性化している者も存在しました。彼らは、一般的な人から見たら、まさに〝神〟でした。

彼らは人間としての肉体を持ちながら、神として、神話になったりしています。ギリシャ神話の神々しかり、ゼウスにしてもその妻のヘラにしても、アトランティスの神官として、大陸の崩壊から逃れてきた存在です。

彼らのようなＤＮＡの状態へと活性化していくにつれて、今までは不可能とされてきたことも、可能になっていきます。いわゆる、超能力者になるわけですが、それは自然なことなのです。


現在は、「霊能力者・超能力者と、そうでない人」という分け方をしたりしますよね。でも、超常的な能力と呼ばれるものは、本来の僕たちに自然に備わっている能力なので、特別視するようなものではなく「常能力」なのです。

そのような能力が、２０３８年頃までに、多くの人に現れるようになるでしょう。

子どもの教育

高次の宇宙存在たちの星では、どのような方法で子どもの才能を伸ばすのでしょうか？

その方法を、今後の地球の教育に取り入れるには？

また、新しいタイプのスターチルドレンは増えていくのでしょうか？

✦

高次文明の高次存在は、子どもたちがどんな才能を持ち、どのような資質を持っているかを感知することができる。

その感知した才能や資質を伸ばしていくことだけに集中するので、ムダがないのだ。

でも、今のあなた方の意識レベルでは、それは難しいだろう。

であるなら、あらゆる可能性を開花させる環境を整えることを優先することだ。

つまり、個性を横並びに、平均化させるという在り方から、

「個性を発見し、伸ばしていくためのさまざまな方法」を取り入れること。

「子どもだから、これはまだ早い」
「子どもだから、この本はまだ難しい」ではなく、
子どもが望むだけ、可能な限りそれを与える。
子どもが科学書を読みたいと言った時は、まず、それを与える。
読める読めないにかかわらず、与えることが大切なのだ。
そういう教育の仕方に変えていく必要があるだろう。
どれも平均的にできるようになることが大事、という考え方を手放してごらん。

今の教育は、それぞれの才能や資質を無視し、
すべてを平均化させようとするものが、まだまだ多い。
だから、かえってバランスを崩してしまうのだ。
それでは、本来の素晴らしい才能は抑圧され、
可能性という興味や好奇心も失わせてしまうだろう。

この教育法なら、欧米によくいるような飛び級をする天才と呼ばれる子どもたちが育ちそうですよね。

今、高次の存在たちが僕に視せてくれているのは、「キッズ○○」みたいな、職業体験ができる子ども用の教育キットや、それを可能にする環境です。

通常の教育現場では、子どもが「今、絵を描きたい！」と気分が乗っていても、その時間が国語であれば、もちろん絵は描けないわけです。

また、興味のある教科を、もっと勉強したいと思っても、まったく興味のない教科を、1時間我慢して勉強しないといけない、という現状があります。それは皆さんも経験済みではないでしょうか。

高次文明では、個人の才能や能力を感知したら、それを徹底的に伸ばしていきます。それはある意味、誰もが天才になるわけですが、今の僕たちの社会では、ちょっと変わった子になるかもしれません。

✦

それくらい個性が際立ってくる。その人が本来持っている才能や資質を開花させるには

皆それぞれが、本来の自分に一致することが求められる。

本来の自分に一致すると、それぞれが行くべきタイミングに、
いるべき場所にいて、やるべきことをやっている、というように、
すべてが本当の意味で、完全に調和するようになる。
それぞれの楽器の奏者が自分の持ち場に立つオーケストラのように、
素晴らしいハーモニーを奏でていくことになる。
自分の場所は「ここ」なのに、そこにいるべきではない人が
「自分の場所はここだよ」と居座ってしまうと、
自分が本来の場所に立てなくなってしまい、
違う所に立たなければならなくなる。
そうやって、それぞれが少しずつずれていくことで、
不協和音が起きるのだ。

とにかく、これからの世の中では、それぞれの才能を発揮させるべく、
それぞれにあった教育システムが開発されることになるだろう。

そうして、みんな違っていて、みんな良い、という違いを認め、受け入れられる意識へとシフトしていくため、いじめという問題も減少することになる。

平均化することによって、周りと自分を比較していたのが、それをしなくなっていくからだ。

✦

本来の自分を生きられないというのは、根本的な問題です。なぜなら、僕たちはありのままの自分を表現し、持ち合わせてきた可能性を最大限に発揮するために、生まれて来たのですから。

それなのに、能力を平均化することで、「あ、自分はできてない」「あの人のほうが、すごい」という比較をベースにする捉え方になってしまうため、摩擦が起きてしまうのです。

ちなみに、スターチルドレンに関しては、レインボー・チルドレン以降の子どもたちである、ハイブリッドなニューチルドレンが、今後、現れようとしています。

レインボーたちは、地球がこの先、宇宙連合に加入して、宇宙文明へとシフトしていくにあたり、ハイブリッドなニューチルドレンたちを地球に迎え入れる橋渡しをする役目です。インディゴ・チルドレンたちはそのための道筋を全部開拓して、既存の枠組みをバラしていく先発隊のようなもの。

だからインディゴが劣っていて、レインボーが優れているということではありません。言い方を変えると、みんなが役割分担をし、チームでひとつの目的のために動いています。

今後、ハイブリッドな新しいタイプの子どもたちが現れて、宇宙存在とのオープンコンタクトの時に大活躍することになるでしょう。

病気・高齢化・若返り

社会的には、高齢化で介護される人が増える傾向にありますが、目醒めて意図的に生きることにより、病気から遠ざかるのでしょうか?

目醒めて生きるようになると、病気から遠ざかるだけでなく、
介護問題などからも遠ざかるようになるだろう。
なぜなら、目を醒ましていけばいくほど、つまり、波動を上げていけばいくほど、
病気という低い周波数から外れていくので、病気をしなくなっていく。
さまざまな地球の観念や概念も、意識から外れていくため、
たとえば、
「70歳になったら腰が曲がってくる」
「80歳になったら足が弱くなる」
という観念も使わなくなり、
70歳になっても80歳になっても、健康的に活動することができるのだ。

見た目が若々しくなっていくのも、自然なことである。
ナチュラルに若返る人もいれば、医療技術が進んでいき、
飛び抜けて若返る人も現れる。
ひとつの選択として、ツールとして、医療技術を使ってもいいだろう。

自然に若返ることを、難しいと思わないことだ。
「自分を創っているのも、また自分の意識である」
ということを明確に理解し、
意識の働きが肉体に作用することを、
今まで以上に実感するようになるからだ。
それに伴い、意識の力を上手に使えるようになるので、
若返りでさえ叶うことになるのだ。

介護社会での介護問題は、一時的に増加する。
「高齢化社会になっていく」「高齢者が増える一方」などとよく言われているが、
特に、高齢化問題に関しては、
２０２６年～２０２８年あたりから、
革新的な対策が出てくるようになるだろう。
それまでは、増加傾向にある。
とにかく、決して今のまま進んでいくわけではないのだ。

皆、今を前提に考えて想定するが、そうではないことを知ることだ。
今、病気を患っている人や、難病で打つ手がないと言われている人たちも、
これから先の医療の進歩は、めざましいものがあり、
今とは比べ物にならないレベルの
医療技術がもたらされることになるだろう。
現在ではどうにもできないことも、
遠くない未来に改善策が見出されたり、
完治へと導く治療法が生み出されたりするのだ。
そんなふうに、「今の時点で想像できる未来とはまったく違う未来が待っている」
ということに、もっとオープンになってみてほしい。

✦

介護問題に関しても、今のままが続いていくわけではないので、悲観的にならなくて大丈夫。医療問題にしてもそうです。必ずいい方向に向かっていきます。

大病を患う方が、ここ近年増えてきているように見えるかもしれませんが、これは今、移行期だからです。

病気は、自分の中にあるネガティビティを浮き彫りにし、その周波数を自分の中から手放すための出来事と言えます。ネガティビティが出てきたら、もちろん、すぐに手放せると良いのですが、多くの場合、自分の意識にとどめてしまいます。すると、それが凝り固まるように、病変を作り出してしまうのです。

「苦しい」「つらい」という思い（周波数）を手放さないでいると、その周波数が結晶化した結果、病気になるわけです。

病気とは、ネガティビティの結晶化。老化に関してもそうです。

✦

「老化していく」という観念が結晶化して、老化を創り出す。

であれば、その概念を、自分の意識から外してしまえばいい。

もし、完全に外せなくても、手放せば手放すほど、

老化のスピードは遅くなるだろう。

自分は日々若返っていくという観念を、

あなた方が本当の意味で採用できれば、体はそれに応えることになる。

つまり、逆行させることも可能であるということだ。

これには、潜在意識で何を信じているかが影響する。
だから、あなたが「そんなわけはない」と思っていれば、具現化することはない。
望む結果を具現化するために、アファメーションをしたり、
自分の若い時の姿をしっかりと眺め、目に焼きつけることで、
「そうなっていく」と、現在の自分に重ね合わせてイメージすることが、
潜在意識へと浸透させるひとつの方法と言えるだろう。
なぜなら潜在意識と繋がる手段は、「イメージ」を通してだからだ。
また、イメージはシンボルであり、イメージを通して
その先の真実のエネルギーに繋がることになることを覚えておくと良い。
アファメーションの言葉を聞くことでイメージが喚起され、
それが潜在意識に浸透していくことになるのだ。

✦

潜在意識と繋がるためには、イメージングという「ビジュアライズ化」が不可欠です。
ポイントは、「意図」することにあります。もし、イメージが苦手でも、意図することで
イメージもついてくることになるのです。

イメージが必要かと言えば、絶対的に必要。でも、「イメージがハッキリと見える必要がありますか？」と聞かれたら、答えは「ノー」です。

必ずしも明確に視覚化する必要はありません。意図さえすれば、それはイメージしていることと同じだからです。

サイキックな感性

目醒めた人々が増えるということは、今後、自らの波動が上がることで、サイキックな感性が開花する人が増えていくのでしょうか？


もちろんです。サイキックな感性は、本質の自分というハイヤーセルフが備えている資質なので、その自分と繋がれば、能力は自然に発露することになります。

人によっては、急激に能力を発揮するようになることもあり得ますが、これは非常に個人差があると言えるでしょう。

高次存在たちは、こう言っています。

✦

実際に、サイキックな感性が開花する人たちが増えている。

本来の自分の才能や資質を思い出すことにフォーカスしなさい。

本来のあなた方には、テレポート（瞬間移動）、レビテーション（空中浮遊）、テレキネシス（念動力）などの、いわゆる超能力さえも備わっているのだ。

それが、あなた方が持ち合わせている、自然な能力である。

あなた方は、3次元という物理次元の法則に合わせて存在しているために、超能力と呼ばれる能力をファンタジーのように捉えてしまいがちだが、その物理次元の法則から抜け出すのが、目を醒ましていくことであり、アセンションしていくことでもある。

3次元の法則は、プロセスを必要とする。
そして、そこを超えることで、超能力を発揮することが可能になる。
たとえば、3次元的な重力の法則からすれば、
それに逆らって、あなた方が自然に浮くということはあり得ない。
でも、そこから抜けることができれば、
自らの意志で浮かび上がることも可能なのだ。

ただし、それを得ることに固執すると、
結果という外側に意識を向けることになり、本末転倒になってしまう。
だから、あなた方が物理次元の法則から抜けていけばいくほど、
目醒めていけばいくほど、
自然に現れてくる能力なのだということを、頭に入れておきなさい。

つまり、超常的な能力を得ることは、目を醒まし、
アセンションしていくプロセスにおける
副産物にすぎないということだ。

あなた方の魂レベルの真の目的は、
あくまでも、源に還って行くことである。

✦

アセンションとは、大いなる源に還る壮大な旅ですが、本来、僕たちは源から生まれたわけですから、ただ、生まれ故郷に還ろうとしているだけである、とも言えます。そして、これまでの長い旅路を経て、今や最終目的地へと向かおうとしているのです。

これからも長い旅路になりますが、それは「懐かしい故郷に還る」という、ワクワクする旅です。この世界にやって来る時も、未知の領域に旅するというワクワク感がありましたが、今度は懐かしい家族が待つ家に帰るようなものです。

僕たちは、もともと源から派生したわけですから、言い方を換えれば、僕たちが源そのものでもあるのです。でも、その高い波動を分離することで、親との間に、著しい波動の違いを生み出すことになり、親元に帰るには、相当に波動を上げていく必要性が出てきてしまいました。

もちろん、それも本来の僕たちの意識は承知のうえ。このことさえも、大いなる計画の一部です。そうやって源は、常に成長、発展、そして拡大を続けているのです。

COLUMN

新たに切り替わった「願いを叶えるための祈り方」

〈個人レベルの願いや祈りは宇宙にスルーされる〉

2017年以降、個人的なことのみを求める祈り方は、宇宙には通用しなくなっています。これからの時代の祈り方の主流は、他者の幸せも含めた祈りです。

たとえば、神社で祈りを捧げる場合、「私のパートナーが見つかりますように」というような個人に限定するような祈り方ではなく、「すべてのパートナーを求める人に、素晴らしい相手が現れますように」という祈り方でないと、届きません。

なぜ、個人的な祈りが通用しないかというと、わかりやすく言えば「神々と呼ばれる存在」が個人的な祈りを聞き入れる神ではなく、全体性を視野に入れた祈りを聞き入れる神へと入れ替わったからです。

それが、2017年を境に起こりました。だから、個人的な成功を願うような祈り方をする時代は、すでに終わっています。

なので、「これが手に入りますように」「お金がもたらされますように」「いいご縁に恵まれますように」「彼とこうなりますように」というような、今までどおりの祈り方は、見えざる存在たちには聞いてもらえません。スルーされてしまいます。

「個人的にこれをなんとかしたい」というレベルの祈りの波動は、彼らには届かないのです。

〈全体を含めた視野に立って祈る〉

そうした流れの中、自分だけの望みが満たされる祈り方ではなく、すべての人の望みが叶うことを意図して祈ってください。

すべての人が引き上がっていく
すべての人が良くなっていく
すべての人が豊かになっていく
すべての人が幸せになっていく
すべての人が健康になっていく

それを望む、すべての存在を含む、という意味ですが、この世界全体を含める意識を持ち、たとえば、「私が豊かになることで、周りも豊かになっていきます」という祈り方でもいいでしょう。先ほどのように「恋人が欲しい」という願いがあるなら、「私に素晴らしい恋人が現れますように」ではなく、こう願いましょう。

「恋人を求める世界中のすべての人に素晴らしい相手が現れますように。ありがとう」

これでOKです。

そういった全体を含めた意識の在り方にシフトしていく流れが、今この宇宙に起きていて、今後はますます加速していくことになります。

つまり、「一人がみんなのために、みんなが一人のために」、あるいは「私はあなた、あなたは私」というワンネスの意識へと回帰する、本来の自分の意識へと還る流れが起きているのです。

Q&A

「今後の働き方」について

Q 「好きなことをやりなさい」と発信する方たちが、昔に比べて増えています。逆に、「好きなことを仕事にするのではなく、自分にできることを仕事にしなさい」と発信している方たちもいて、その教えに共感する人もいます。

これについて、実のところどうなのでしょうか？

「こひしたふわよ」で生きていくと、仕事でも何でも優先すべきものは〝好きなこと〟になるとは思うのですが。

A 〝できるからやる〟のでは、何も変わらないことになります。

好きなことを仕事にはしない。それだと、「仕事は別」という考え方になりますよね？

他のことに関しては、自分の好きなことをやるけれど、仕事に関しては「自分のできることや、本当は好きではなくても、できることだからやる」という考え方です。それは、仕事のことは別、という分離意識そのものです。

僕たちの本質の意識は「こひしたふわよ」の状態そのものです。

なので、仕事であれ、何であれ、好きなことに向かっていくことが大切であることには変わりありません。なぜなら、それが本質の意識に向かっていくこと、そのものであるからです。

僕たちはこれから、その本質へと目を醒ましていこうとしています。そしてもし、あなたもそうであるなら、勇気を持って、本質である「こひしたふわよ」に向かっていきましょう。

もちろん、今まで通り、「仕事は別……好きなことばかりしているわけにはいかない……」という生き方もできますが、それでは何も変わらず、本質から離れていく一方で、目を醒ますことはありません。

Q 好きなことは畑違いの分野で、初めてチャレンジする場合、うまくいかなかった時のリスクが大きいと、踏みとどまる人も多いのではないでしょうか？「好きなことではなく、できることに時間をかけて取り組み、実績を積んだほうが、後々自分のためになる」と言う人もいます。

A **〝結果を出すために頑張る、努力する、一生懸命になる〟。良い・悪い、正しい・間違いではなく、それが眠っている状態であることを、受け入れられますか？**

「結果を出さなきゃいけない」という、その在り方こそが眠りなのです。当たり前にやってきた、「成果や実績という結果を出さなければならない」、あるいは、「思った通りの結果を出せなければ失敗で、出せたなら成功。だから、成功しなければならない」という在り方。それが眠っている状態だということに気づかない限り、その人が目を醒ますことはありません。

結果という、外側に強くフォーカスが行ってしまうために、本来の自分から離れ、眠ってしまうのです。

「これが欲しい」「こうしたい」「こうなりたい」と思うのは、もちろんかまいません。

でも、「結果を出さなきゃ」というような〝～しなければならない〟になってしまうと、とたんにイリュージョンである現実にとらわれ、僕たちは深い眠りへと落ちて行ってしまいます。

つまり、このスタンスにいると、「統合しなきゃ！」「目を醒まさなければならない！」となって、統合の方向性から逆走してしまうことになるのです。


ちなみに、実績や結果にフォーカスしないというのは、「実績や結果を出すつもりなんてない」と開き直るのとは違います。

たとえば、「自分より、アイツの方が結果を出している」というような、嫉妬や劣等感などの心地良くない感情が湧いてきた時、それを手放すことで、目醒めのチャンスにすることができます。

「あ、この感覚こそが自分が手放すもので、これを捉えるためにこの現実を創り出したんだ」という視点に立つことで、統合が加速するのです。

出てくるバイブレーション（感情という感覚）を、いちいち感じたり、分析してから手放すというやり方をしていたら、目を醒ますまでに何世紀もかかってしまうでしょう。

〝一つひとつの感情を、どこから来たのか分析し、じっくりと感じ切ることで受け入れることが大切〟という教えを実践されている方もいます。それは、もちろん間違ってなどいませんし、有効な方法でもあります。

実際、統合する際に「手放す」と表現しているものは、受け入れることのブロックになっているものを外すことで、「受け入れる（許す）」ことを意味しているからです。

そして、これが20年前なら、僕も「そうしてみるのも良いですね」と、言ったかもしれません。

でも、今はもう時間的な余裕はなく、期限が迫ってきているのです。たとえば、3月に卒業を迎えるのに、「単位が足りるかどうかわからないけど、じっくり自分のペースでやっていきたい」と言って、単位が取れなければ、もちろん卒業することはできません。

「え？　だって私は自分なりに準備してきたんですよ」

「でも君ね、準備したかもしれないけど、実際、単位が取れていないから卒業はできないんだよ」

そう言われて、おしまいですよね。

Q 好きなことをやるためにお金がかかる場合、それを実行することで、「貯金がどんどん減っていってしまうのではないか」と、不安とのせめぎ合いになると思うのですが。

A **〝ワクワクすることに動き、幸せで豊かな気持ちになればなるほど、現実レベルでも、もっと豊かになる〟という真実を知り、やりたいことに向かってください。**

でも、不安を持ちながら、「ワクワクしていれば豊かになれるはず！」とやみくもに行動しても、豊かになることはないでしょう。つまり、不安を手放すことで、「貯金が減っていく」という現実を映し出すのに使ったフィルムを、自分から取り除くのです。

簡単に言うと、その不安こそが、「貯金残高がこれだけしかない」という現実を創り出しているだけでなく、その不足の意識によって、さらにそれを反映する現実を創り続けることになってしまうのです。

要は、根本を変えなければ、本当の意味で人生が変わることはないということです。

さて、お金に関する真実として、大事なポイントをお話すると、僕たちは「お金がないと生きていけない」という強い信念を持っています。そして、この信念を何世紀もの間、使い続けてきています。だからいつまでも、この世界は目醒めないのです。

お金のシステム、つまり資本主義は、この世をコントロールするために作り出されたコントロールシステムです。僕たちがそれに気づいて抜け出さない限り、この世界が真に目醒めることはないわけです。

これは、「お金はただのエネルギーであり、良いも悪いもなく、生きていくうえで便利なツールのひとつにすぎない」という意識に真に目醒める、と言い換えることもできるでしょう。

では、どうやってその意識を取り戻せるのでしょうか？

まずは、自分の本質である「こひしたふわよ」に従って、やりたいことに向かっていきましょう。自分なりのやり方で移行していけばいいのです。いきなりダイブしても、しなくてもＯＫ！

たとえば、新しい仕事をすることにワクワクしたとします。その際、いきなり今の仕事を辞めて、新たな仕事に飛び込んでも良いですし、今やっている仕事を減らし、やりたいほうの仕事を増やしていくことで、自信がついてきたら切り替えるというやり方もありますよね。

いずれにしろ、僕たちは自分の本質である、ワクワクすること、楽しいこと、喜びを感じることに動き、出てくる不安や怖れを手放すことで、本来の豊かな可能性という扉を開けていくことができるのです。


自分の好きなことに向かっていくと、さまざまな種類のネガティブな思いが湧いてきます。

「本当にこれで大丈夫なのかな？」

「こんなことしていて、本当にいいの？」

「好きなことばかりしていては、いけないんじゃないか？」

「誰だって好きなことをしたいはず、でも、みんな我慢しているでしょ？」

「こんなことしてたら、お金がなくなっちゃうんじゃないか？」

「貯金がどんどん減っていく……」

こういったものが、本当にたくさん出てきますが、そのような思いを手放していくからこそ、より高い次元へとシフトしていけるのです。

その新たな次元で創り出す現実は、より豊かに満たされていくことになります。

郵便はがき

恐縮ですが切手をお貼りください

101-0051

東京都千代田区神田神保町3-2
高橋ビル2階

株式会社 ナチュラルスピリット

愛読者カード係 行

フリガナ		性別
お名前		男・女

年齢	歳	ご職業	
ご住所	〒		
電話			
FAX			
E-mail			
お買上書店	都道府県	市区郡	書店

ご愛読者カード

ご購読ありがとうございました。このカードは今後の参考にさせていただきたいと思いますので、アンケートにご記入のうえ、お送りくださいますようお願いいたします。

小社では、メールマガジン「ナチュラルスピリット通信」（無料）を発行しています。
ご登録は、小社ホームページよりお願いします。 **https://www.naturalspirit.co.jp/**
最新の情報を配信しておりますので、ぜひご利用下さい。

●お買い上げいただいた本のタイトル

●この本をどこでお知りになりましたか。

1. 書店で見て
2. 知人の紹介
3. 新聞・雑誌広告で見て
4. DM
5. その他（　　　　　　　　　　　　）

●ご購読の動機

●この本をお読みになってのご感想をお聞かせください。

●今後どのような本の出版を希望されますか？

購入申込書

本と郵便振替用紙をお送りしますので到着しだいお振込みください（送料をご負担いただきます）

書　籍　名	冊数
	冊
	冊

●弊社からのDMを送らせていただく場合がありますがよろしいでしょうか？

□はい　　□いいえ

第 4 章

激変する地球における対処法

毎年のように世界的に自然災害が増えているほか、
ポールシフトや巨大太陽フレアの直撃のおそれなど、
さまざまな局面で懸念される、今後の地球。
アセンションのプロセスの中で、
どう対処すればよいのでしょう？

地球の変化と日本人の役割

高次存在が語る異常気象の理由

砂漠に雪が積もるなど、年々、異常気象が目立ってきていることを、あなたも感じているのではないでしょうか。

「気象現象」というのも、僕たちの意識が反映しているにすぎません。つまり、僕たちの意識がそれだけ大きな変化を起こしていて、それが、今までにない規模の台風や降雨として反映しているのです。

高次存在たちは、気象についてこのように言っています。

✦

あなた方の中にある、ネガティビティと呼ばれるさまざまな感情や思考は、ネガティブな嵐のようなものである。
そして、己の中にあるその葛藤が手放されるべく、表面へと浮上してくる時に、
あなた方は、それを強く体感することになる。

その浮上してきたネガティビティを手放すのではなく、感じるのに使う時、
それはネガティブな電波を大気中に放出することになる。
それが、気象に反映されるのだ。
ということは、あなた方がネガティビティという自分の中の葛藤を手放し、
陰と陽、女性性と男性性など、相反する両極が統合されていった時、
気象も安定化することがわかるだろう。

大きな転換期を迎えている今、現代人は、大きな混乱をきたしている。
その混乱が、今までに例のない天災という形で反映されているにすぎない。
あなた方がひとたび、自分の中をひとつに統合し、真の平和を取り戻せば、
つまり、自分を統合することで、皆がひとつになれば、
気象の安定化も、素早く訪れることになる。

一時的には、今、大きな混乱が起きているため、それが強く気象にも影響しているが、だんだんと、極性がひとつになっていくにしたがって、気象は穏やかなものになっていく。気候の変動が小さくなっていくだろう。

✦

つまり、今後、気象は一時的に激しくなったとしても、安定化していく傾向にあるようですね。

今後の日本の役割と大激変の世の中への対処法

ちまたには、今後、地球に氷河期がやって来るという説もあれば、気象以外にもポールシフトが起きる、太陽フレアの影響が直撃する、などの説があります。

ですが、ゲートが閉じた２０２１年冬至以降、目醒めた人々によって、そのような影響に対処する方法が、段階的に生み出されることになります。たとえば、巨大な太陽フレアにより、宇宙線が地球に到達した場合、その衝撃をできるだけ和らげる技術を開発できるような意識レベルへと到達するのです。

アセンデッドマスターのグループは、いつも「あなた方が日本人として生きていることの意味は大きい」と繰り返し、僕に伝えてきています。

もちろん、日本人をひいきしているわけではありません。「日本は特別」という言い方をすると、どうしても選民思考的な捉え方をする人もいますが、そうではないのです。

彼らは、「日本人は、この世界を大きく変えるきっかけを作っていく大事な役割を持って生まれて来ている。そのことに、多くの日本人が気づいてほしい」という願いから、さまざまな情報を与えてくれているのです。このことは、それぞれの国民が担う、役割の違いにすぎません。

そして、今この瞬間、彼らが伝えてきていることは「反重力のシステムについて」です。

✦

日本は、この地球で起きている天災などへの回避策や、

改善策といった技術的なことも含めて、発信していく大事な役割を担っている。
たとえば、あなた方の多くが懸念している
南海トラフの地震が発生したとしよう。
大きな地震が起きることで、大津波がやって来たとしても、
今までのように、為す術もなく飲み込まれてしまうのではなく、
反重力のシステムを使うことで、
建物全体を宙に浮かすことができるのだ。
つまり、建物が浮いている間に、
津波がその下を通り抜けて行くことになる。
こんな話はＳＦの世界の物語だと、多くの人たちは思うだろう。
しかし、これは夢物語でも、何ら奇跡的なことでもない。
こうした技術の開発は、そう遠くない未来に可能なことであり、
その雛形はすでにできているのだ。

「これからたくさんの天災が起きるんじゃないか？」と、
あなた方の多くは懸念しているだろう。

そのとおりだ。
でも、それが起きた時に、あなた方の技術でそれを回避し、
今までなら大変な被害になったものを、
最小の被害に抑えることも可能だということだ。

それを実現させていく技術力や叡智を、
あなた方、日本人は多分に持っている。
だから、「今現在のままでそうしたことが起こるのだ」と早とちりしないこと。
先ほど例に出した南海トラフの地震も含めて、
すごい数の人たちが亡くなり、どれだけの家屋が倒壊し、
これだけの被害が想定されます、と、
シミュレーションがなされているが、決してそうではない。
それは現時点での予測であって、
あなた方が必ずしも辿る道ではないのだ。
その意味でも、未来にもっと明るい希望を持ちなさい。

これは、今後の世界の変化に関しても同様です。

人類は、過去の歴史上、
まったく異なる進化のプロセスを辿ることになるだろう。
今までの古い考え方では思いもよらない、
ＳＦの世界さながらのことが起きようとしている。
ＳＦというのは、人間の想像力から生み出されたものとされているが、
本当は「アカシック・レコード」に意識的であれ、無意識的であれ、
アクセスした人たちが、そこにある情報からアイデアを得たり、
作品の脚本にしていたりするのだ。
そうして、これから起ころうとしている、
人類の２０５０年までの進歩は、目を見張るものがあると言えよう。

「引き寄せの法則」からみる自然災害の備え方

サバイバルへの対処は安心感を最優先に

自然災害が増えてきていることをスピリチュアルな観点から見た時、「引き寄せの法則」との関係を気にする人もいるかもしれません。

「防災袋や非常食を備えることが、逆に、災害という現実を引き寄せることになるのでは？」

「サバイバル意識があまりにも強いと、逆に、そういった現実を引き寄せてしまうのでは？」と不安に思う人もいることでしょう。

でも、もし、備えることで安心できるのなら、そうしてください。

「用意していなかったら、災害がやって来た時どうしよう？　非常食を1週間分でも備えておけば、安心できるけど……」というのであれば、その〝安心感〟を得ることのほうを大切にしてください。

「備えることで引き寄せてしまうのでは？」と葛藤し、用意せずに不安を感じながら過ごしていれば、それこそ本末転倒です。

不安を手放せるならいいですが、手放し切れないなら「これがあるから大丈夫」という、安心感のほうを優先しましょう。

とにかく、どんな時も自分の心の声に従って、こうしたほうが良いと感じることを行ってください。それをすることが自分にとって、しっくりし、安心感を生むなら、そうするのです。あとは、その安心感の中、毎日を楽しく過ごしてください。

すべての不安な状況には安心感を与える

これは、ほかのことにも言うことができます。何かを必要以上に怖がったり、心配したりすることのないよう、心のバランスを取ることが大切になります。

たとえば、サバイバルに備えることが、「自分にとっては必要ないな」と感じるのなら、あなたにとっては、いらないのでしょう。

がん保険だってそうです。がん保険に入ることで安心できるなら、入ればいいのです。

「がん保険に入ったほうがいいのかな？　でも、目醒めていけば、病気にはならないわけでしょう？　病気の周波数と接点がなくなっていくわけだから」

そのとおりです。

でも、そう言いながら、頭の片隅で「でも、もしそうなったらどうしよう……」と思っていれば、それはどんどん膨らんでいき、結局、その望まない結果を引き寄せることになりかねません。

だったら、「保険に入っているから大丈夫！」と思えたほうがいいですよね。

保険を解約したとたんに、がんになった人の話を聞いたことがあるかもしれませんが、それも同じ原理です。解約したことで、〝不安〟という周波数が増幅したり、〝天災は忘れた頃にやって来る〟という観念を使っていることで、望んでいないはずの現実を引き寄せるのです。

だったら、「これで安心。備えているから大丈夫！」と思えるよう、可能な限り整えていけば良いのです。

厄年に対する考え方も同様です。僕からすれば、厄年とは〝役年〟であり、お役目の年なので、今まで以上に健康を含めて人生をていねいに生きることで、お役目が回って来た時には、万全の状態で動けるよう整える年。

ですので、より可能性に満ちた流れなのです。

でも、そうは言っても……と、不安や怖れが付きまとうようなら、しっくりくる寺社仏閣で厄払いをしていただき、「ちゃんと厄年のお祓いをしたので、もう大丈夫」という安心感で満たされれば、それが引き寄せの基点になり、実際、安心を感じられる現実を引き寄せることになります。

自分が安心だと感じられることがとても大切であり、それが「こひしたふわよ」に従うということと言えるでしょう。

自分にとって心地良いか、心地良くないか？

それを基準に選択し、心地良さを感じるのであれば、シンプルにそうすればいいのです。

そうやって、不安に備える対策はしつつも、捉えた不安は、ていねいに手放すことで、自分に本当の意味での安心感を与えてあげることが大切です。

人が亡くなる霊的理由を知ろうとしなくていい

地球はどのみち、良い状態へと変わっていきます。でも、そのプロセスにおいて、新しい地球の環境に「なじめる人たち」「なじめない人たち」というように、必然的にふるいにかけられるような状況が出てくることになります。

地球はすでに新しい地球に生まれ変わることを決めているので、目醒めや、その先のアセンションを選ばないのであれば、その人たちは新たな地球に一緒に行けないことになります。なぜなら、新しい地球と同調できないからです。その結果、地震や津波も含め、あらゆる種類の天災を通して、まるでふるいにかけられるような体験をする人もいるのです。

もちろん、それらが原因で亡くなる人のすべてが、眠りを選んだというわけではありません。ただ、選択の結果を体験しているのだということに変わりはありません。

そして、目醒めではなく、眠りを選んだ人たちにも、ちゃんと行く場所はあります。今の地球と同じような物理次元に再び転生をして、そこで次のサイクルへの準備をするのです。

目醒めと眠りの選択に関して、自然災害で亡くなる人たちに対して、こんなふうに思われる人もいるかもしれません。

「あんなにいい人だったのに地震や津波で亡くなった、ということは、その人たちは、結局、新しい地球になじめないっていうこと？」

もちろん、目を醒ますことを決めずに、新たな地球へ移行する流れから外れる形で命を失う人もいます。

でも、目醒めを決めた人であっても、生まれる前に決めてきた寿命によって亡くなる人もいるのです。あるいは、新しい地球にシフトするには今の肉体条件では無理だと、魂レベルで判断した場合、新しい肉体を得るために、すぐに生まれ変わって来ることもあります。

だからこそ、「どんな理由で亡くなったんだろう？」という視点を手放してください。

スピリチュアルな学びをしていると、霊的進化の面から見た理由を、つい知りたくなると思います。ですが、そうであればなおさら「すべての体験は、霊的成長のために必要なものであり、そこには正しいも間違いも、上も下もなく、それぞれの魂が、それぞれのペースとタイミングで覚醒していく必要があるのだ」という真実について、思いを巡らせていただけたらと思います。

第5章

理想の世界に
パラレルシフトする

一説では、地球は数年前に
ポジティブとネガティブそれぞれの
「パラレルワールドの地球」に
分かれたと言われています。
あなたが暮らしている地球は、どちらの地球でしょう？
理想の自分が存在する
パラレルの地球にシフトするには？

周波数を上げてパラレルシフトと最適化を起こす

毎瞬毎秒、並行世界にテレポート

目醒めやアセンションについて、ここでは「パラレルワールド」の視点から、お伝えしましょう。

スピリチュアルな世界では、今後の地球上の傾向を「二極化」と表現しますが、パラレルワールド（並行世界）にある地球は無数に存在していますから、正しくは「多極化」ということになります。多極化と言っても、結局、ベースにあるのは「目醒め」か「眠り」です。簡単に言えば、ポジティブな世界が展開する地球か、ネガティブな世界が展開する地球かのどちらかに、移行するのです。

大まかに、この2タイプの地球が存在し、それぞれの地球がさらに細分化し、無数のパラレルの地球が存在しているわけです。その中で、「現在、ポジティブな地球」を指す場合は、

5次元以降の地球を意味します。

人は自覚していなくても毎瞬毎秒、何十億回ものテレポート（瞬間移動）をしています。自分の気分の変化に伴い、波動も変わり、その波動に見合ったパラレルの地球に、ものすごい速さで移動しているのです。

これを、「パラレルシフト」と言います。その際のシフトの大きさで、自分を取り巻く世界がどれだけ変化するかが決まります。何か衝撃的なことが起こって、気分＝波動がガクンと落ちると、それに見合った地球に行くことになります。

たとえば、それまではバラ色の人生のように感じていた地球から、そうじゃない地球へとパラレルシフトすることもあり、その逆もしかりです。ただ通常は、それほど大きな変化をすることは稀なので、別のパラレルにシフトしたことには気づきません。

ちなみに、どんなに微妙な幅でのパラレルシフトでも、元の世界の自分とまったく同じということはありません。シフトした時点で、すでに違うバージョンの自分になっています。

今いる世界とシフトする世界との違いが大きいほど、肉体であれば骨格や肉付き、髪質さえ、それまでの自分とは微妙に変わってしまうのです。

起動するまではほぼ静止しているパラレルの世界

パラレルにシフトする際には、意識だけが飛ぶことになります。パラレルの地球に存在する別バージョンの世界は、自分の意識がそこに移行するまでは機能していません。

意識のチャンネルを、あるパラレルに合わせた瞬間、意識がテレポートすることで、その世界が突然「パンッ」と起動するのです。

それまでその世界が動いていないのは、実は現実というのは、毎瞬毎瞬は繋がっていないからです。ですので、パラレルの世界は起動するまでは静止しています。

自分の部屋も、別の部屋にいる家族も、あなたが意識を向けていないその瞬間は、量子力学でいう「量子波」の状態になっています。たとえば、あなたが帰宅して、「ただいま」と言って部屋を見わたした瞬間、つまり観察が始まった瞬間、それまで量子波の状態だった部屋が起動する（存在するようになる）のです。

もちろん、現実をそんなふうに捉えている人は、まだ少ないでしょう。でも、この世界はそういうしくみになっています。

極端な言い方をすれば、「あー、おいしかった！　あのレストランの食事」と、その時のことを思い出している今この瞬間、そのレストランは存在していません。「あの人、最高にいい店員さんだった」と考えている、まさにその時、その店員は存在していないのです。

つまり、この世界のすべては、そもそも目には見えない「量子波」でできていて、その波動が、僕たちが当たり前に捉えている日常の世界を構成するためには、観察者である〝あなた〟が必要になるのです。

ポジティブな地球へのシフトは2021年末まで

2021年の冬至を境に、周波数の高いパラレルの地球に移行した人は、それまでにいた地球に戻ることはありません。

ネガティブな地球とポジティブな地球は、完全に分岐し、それぞれ乗り換えが利かなくなるからです。それまでは、ネガティブとポジティブ、両方の地球を行ったり来たりできるので、乗り換えることもできます。

これは、目醒めのゲートが開いているうちは、ダッシュが必要であっても選び換えれば、どちらの地球に存在することもできるということです。

COLUMN

パラレルシフトと現実創造のしくみ

〈どこにシフトするかはチャンネルの合わせ方次第〉

パラレルの地球が無数に存在する理由は、その人のその時の周波数に見合った地球が、別の世界に存在することになるからです。言い換えると、想像でき得る限りのパラレルワールドが存在しているのです。

たとえで説明しましょう。

◆◆◆

講演会でどなたかと対談している僕の現実世界は、ここだけではなく、パラレルの地球にも「別バージョン」が同時に存在していることになります。

この世界での対談相手は白い服を着ているけれど、別バージョンの地球では赤い服を着ているかもしれません。

僕は今、目の前に展開している現実という周波数にチャンネルが合っているので、この瞬間を体験しているわけです。でも、自分の周波数が変化すれば、合わせるチャンネルも変わり、赤い服の対談相手のバージョンの世界を体験しているかもしれないのです。

◆◆◆

もし、8チャンネルの番組を見たければ、8のボタンを押し、番組に飽きて6チャンネルを見たくなったら、6のボタンを押すことで、映し出される番組が変わる……、シンプルに言えば、現実とはこのようなしくみで成り立っているのです。

たとえば、あなたが、意地悪な上司がいる「パラレルA」を体験しているとします。そして、もしあなたが、何らかの方法で周波数を変えて「パラレルB」にチャンネルを合わせることができたら、その意地悪な上司はパラレルBバージョンの上司になるため、あなたは優しい上司を体験するかもしれない、ということです。

これに関連して、タイムマシンに関する面白い話を聞いたことがあります。

◆◆◆

それによると、過去に戻るタイムマシンはすでに発明されているとのこと。そして、ある男の子がその実験に参加しました。

テーマとして決められていたのは、調査の対象となる1940年に戻り、「ある出来事」がどんな状況かを見て来ることでした。それにあたり、過去に戻るたび、常に「野外の椅子に自分が座っている」というシーンからスタートしました。

ところが、毎回、タイムマシンで同じ場面に戻っているはずなのに結果が違い、そのときどきで、誰かに話しかけられたり、話しかけられなかったり、隣に子どもが座っていたり、大人が座っていたりしたそうです。

だから男の子は「毎回、体験する現実が微妙に変化する」と報告していたのです。

◆◆◆

このことが、パラレルの地球を端的に表していると言えるでしょう。

男の子のチャンネルがどこに合っているかで、子ども、あるいは大人が座っているバージョンだったり、誰も周りにいなかったり、たくさんの人がいたり、話しかけられたり、話しかけられなかったりするのです。

つまり、同じ自分のはずなのに、自分の周波数が変化することで体験する現実が変わるわけです。そして、もっと言えば、周波数が変わるということは、あなたは「それまでの自分とは、まったく違う自分になる」ことを意味しているのです。

周りが変わるのを求めずに、自分がシフトする

パラレルの地球にシフトすると、周囲の人の人格が、急に変化したように感じることがあります。

それは、たとえば、意地悪な人バージョンの上司がいる地球から、優しい人バージョンの上司のいる地球へとパラレルシフトしたことにより、今までとは異なる体験をするからです。

でも、ここで大切なポイントは、その人が変わったわけでなく、あなたが周波数を変えたことで、別バージョンの地球にシフトしたのであり、そのパラレルでは「もともと、優しい人」であるということです。

だから、「この人は、こういう人」という決め付けは一切いらないですし、しなくていいのです。シンプルに、あなたがどこにチャンネルを合わせて体験するかだけなので、もし、見ているチャンネルがつまらなかったり、嫌だったら、別のチャンネルに変えればいいだけなんだと、捉えるようにしてみてください。

実際、現実というのは、テレビを見ていてチャンネルを変えるくらい、簡単に変化し得るものだからです。

要は、自分が創り出している現実という次元から、ただ抜け出せばいいだけ。そうすれば、体験する現実は変わります。

なので、人や状況に対し、「変わってくれればいいのに……」と求める代わりに、「私が、自分の創り出したこの次元から出て行く。私が変わる！」というスタンスでいるようにしましょう。

望みが願う間もなく叶っていく「最適化の法則」

あなたが波動を上げることで、ポジティブな世界を次から次へとシフトすることになり、それを続けていくと、最高と感じられる自分に辿り着くことになります。

「こういうのって最高！」と心から思える、パラレルな世界へとシフトしていけるのです。それには「こうなる」という意図よりも、自分の本質へと融合・一致していくことが鍵になります。

僕が常々お伝えしている「統合」がその人の中に起こると、つまり、地球特有の周波数を手放して本当の自分に一致するようになると、〝自然に魂の望みを具現化〟し始めます

（＊24ページでも解説）。

すると、何であれ、得られるようになるのです。お金であれ、パーフェクトなパートナーであれ、健康であれ……。

引き寄せるというより、魂が望んでいる最適なものを、まるで向こうからやって来るが如く、「確実に・簡単に・ナチュラルに」手にするようになるのです。本来の自分に一致すれば、それは自然なことと言えるでしょう。

僕はその状態を、「最適化」と呼んでいます。

具現化における宇宙の法則として、一般的に有名なのは「引き寄せの法則」です。

確かに、引き寄せの法則は宇宙の法則として確実に存在し、これは例外なく誰にでも平等に働きます。

一方、「最適化」と言う場合は、望みのほうが、まるで自分に向かって飛び込んで来るようにやって来ます。言わば、願う前に、最適なものが魔法のように現れてくる感じです。

「そうそう、実は、こういうことを望んでいたんだよね！」

「あ、そうだった……なんか、こういう形をずっと望んでいた気がする」

といった感じです。

なぜ、そんなことが起きるのでしょう？

「必要なものは、何であれ得られる」

「魂からの望みは、すべて叶えられる」

と、存在の深い部分で知っている状態になるからです。

僕自身、実際そういう状態で日々生活していますし、それは誰もが可能な生き方なのです。

最適化の状態へとシフトするためには、自らを本来の自分に一致させること。常に「自分軸」でいること。それがポイントです。

現在は、本当の自分を生きる人、心からの喜びを表現する人が増えてきています。少しずつ、人々の意識の転換が起き始めているのです。

そのため、ネガティブと呼ぶような人や状況との接点が、だんだんなくなっていくのに気づくでしょう。

そして、今までなら、嫌で嫌でたまらないような状況が、もし目の前に展開していても、まったく視点が変わってしまうので、そこからポジティブな要素を見出し、ポジティブな影響を受け取れるようにもなるのです。

「ただ、嫌だからやらない」は分離まっしぐら

「自分軸」に一致することに関して、誤解されやすい面もあります。

現代は、「好きなことしかやりたくない」というスタンスで生きている人々もいます。

もちろん、それは悪いことではありませんし、あなたも、そんな言葉を見聞きしたことがあるのではないでしょうか。

「嫌いなことはしない」というのは、一見すると、自分軸に一致しているように感じます。でも、気をつけないと「分離」の意識を強め、本来の自分から、気づかないうちにどんどんズレていくこともあるのです。

では、どうすれば、統合と分離、どちらの方向に進んでいるのかを見分ければ良いのでしょうか?

たとえば、あなたが「これは天職（あるいは、好きな仕事）であり、この職場も自分の方向性と一致する社風で、申し分ない」と感じながら働いているとします。

でも、一方ではこう思っているとします。

「自分の好きな仕事としては、もちろんいいんだけど、これは嫌なんだよね……おまけに、

同僚や上司が許せないんだよね……あぁ、仕事も職場もいいんだけど、その他、嫌なことが多すぎなんだよね……そうだ、嫌なことはやらないことが大切なんだから、とっととこんなとこ辞めて、もっと良い会社を見つけよう！」

これは、分離に向かいます。でも、次の場合は、統合に向かう動きになります。

「もう、ここにいることに何の意味も見出せない……仕事に対する興味も情熱もなくなり、今は、もっと違うことに関心が向いてきている。よし、それがはっきりしているのだから、勇気を持って、新たな道に踏み出そう！」

つまり、単に「自分の思い通りにならないから、それが良くないことで、思い通りになるから良いことではない」ということです。

逃げたくなるようなことも、その意識にとっては越えていくべき課題であり、プロセスであったりもするのです。そこから目を背けて、本当のあなたの幸せに繋がることは、決してありません。

ですので、まずは、その「嫌だ、嫌い！」という心地良くない周波数を外してみましょう。すると、あなたの波動は上がり、視点も高くなることで、物事の本質をより深く見ることができるようになります。

そうすれば、選択する際も、本当のあなたの望みに基づいたものになり、分離ではなく統合へと進む選択ができるようになるのです。そこを、しっかりと見極めるようにしてください。そうでなければ、アセンションどころではありませんから。

周波数を変化させてアセンションに近づく

2038年に向けて、「最適化」という在り方がもっとナチュラルになっていきます。本来の自分と一致する生き方をする人たちが増えてくるので、人生に「最適化」が起きるようになり、その人バージョンの天国が現れてくることになります。

とは言え、個人個人のパラレルシフトによって最適化が起きても、それは、いわゆるアセンションとは違います。

アセンションした人を、「眠った状態の意識」から見たら、完全に超人と言えるでしょう。人間離れしているというよりも、もはや人間には見えないかもしれません。

それはまさに、僕たちから見るアセンデッドマスターたちのことですね。彼らは炎の中に立っている姿で描かれたりしますが、それは彼らが物理的な法則から抜けていることを表しています。

その意味で、パラレルシフトの能力が高い人というのは、限りなくアセンションに近づいていると言えるでしょう。なぜなら、地球の法則や制限を楽々と超えていっているからです。

思い描いた理想の世界にシフトする能力が上がるということは、自分の波動が限りなく軽やかで、純粋であるということです。

重たいと、自分は大きく飛んだつもりでも、ほんの少ししか飛び上がれませんよね。それでは、自分の望む大きな変化を起こしていくことは難しくなります。

大きくジャンプするには、自分の中を統合し、自分から重荷をどんどん降ろしていくこと。

この重荷というのが、不安・恐怖・罪悪感・無価値感・疑い・批判などといった、一般的にネガティブと呼ばれる周波数です。

僕たちはそういった周波数を、まるでウエイトをつけるように自分にくくりつけ、深海へと潜るように波動を下げて地球に生まれて来ているので、そのウエイトを外していかないと浮上できないのです。

結局、僕が話していることは、いつも同じこと。そう、パラレルシフトの能力を高めることは、アセンションへのステップと同義なのです。

ワクワクを選んで、望むパラレルワールドへ！

ポジティブなパラレルワールドにシフトすると、自分自身がよりエネルギッシュで魅力的になるなど、まるで魔法！と思えるようなことが起きてきます。

つまり、「最適化」の法則が適用されるようになると、奇跡が日常になってくるのです。

波動を上げて本来の自分に繋がり始めると、「パラレルの世界にいる別の自分」を認識できるようにもなってきます。つまり、意識の中に浮上してくるのです。

また、そうした意識を使うためには、外ではなく、自分の内側に意識を向ける必要があります。

僕たちは、どうしても外で起きている出来事にフォーカスする癖があるので、なかなか内側で起きていることに気づけないだけなのですが、スピリチュアルな世界を感知するのは、自分のハイヤーセルフの感性を通してです。なので、まずは、自身の内側に意識を向けることが大切になってくるのです。

僕の場合、たとえば「これをやってみたいな」と思うと、パラレルの地球がいくつも視えてきます。もしくは、視界に入ってきます。

そして、どの地球に、その望みを叶えている自分がいるのかを探るのです。見つけたら、イメージの力を使ってその地球に降り立ち、望む現実を体験している自分と融合します。

すると、その自分が感じている体感が伝わってきて、たとえば、楽しい・ワクワク・喜び・豊かさという感覚が、自分の中に広がってきます。その捉えた体感を、日常でできる限り感じる工夫をすることで、望む現実にチャンネルを合わせることになります。

そうして周波数が合ってくるほどに、自分の世界に望む要素が反映するようになるわけです。それはとても楽しい体験ですが、そうやって楽しく過ごしていると、さらに波動が上がり、新たな可能性が視界に入ってきて、「あ、こんなこともできるんだ！」とワクワクしながら、チャンネルを合わせていくことで、その現実を体験することになります。

それはまさに、ワクワクを追いかけながら、次々とパラレルワールドをテレポートしている状態なのです。

望まなくても最高のものが現れる「最適化の法則」とは？

「こひしたふわよ」に従って行動しながら
出てくるネガティブな感情や思い（低い周波数）を
手放し続けることで、
本来の自分と一致（統合）するようになる。

↓

願ったり望んだりしなくても、
魂レベルの望みが
自然に現れ始める。

＝

魂の望みが
ナチュラルに具現化する
「最適化」
の状態へと移行する

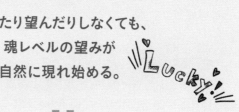

WORK

最適化を促すためのセルフケア その1

未来の記憶を思い出し、理想の自分になる方法

イメージを通して、望む現実を生きている自分にアクセスしてみましょう。

僕たちが、「これを体験したい！」と思ったり、何かを願う時、それを体験している自分はすでにパラレルの地球に存在しています。なので、その世界にアクセスし、理想の自分に至るまでの道のりを思い出すこともできます。

「望む現実を体験している自分と繋がり、その未来の記憶を思い出す」とも言えるでしょう。

未来の記憶を思い出すなんて、変に聞こえるかもしれませんが、時間は過去・現在・未来というように一直線の時系列で繋がっているわけではないので、実際、未来の記憶にアクセスすることは可能なのです。

STEP 1

プラチナシルバーのフィールドの上に立ち、
周りは宇宙空間になっているのを見てください。
そして、深呼吸しながらリラックスし、
「望む現実を体験している自分が存在する、
パラレルにアクセスする」
と意図します。

そのあと、自分のいる時空間を見渡すと、いくつかの地球、
あるいは、いくつかの扉が見えてきます。
もしくは、それをイメージしてください。
その地球、あるいは扉は、
自分が望んでいる世界に繋がっているのです。

STEP 2

同じ見た目の地球（あるいは扉）の中で、
自分にとって、どれが最善で最高かを知るには、
「一番ワクワクするのは、どれかな？」と感じてみることです。
「一番楽しくてワクワクする体験をしている自分がいる地球
（ワクワクする世界に繋がっている扉）は、どれだろう？
あの5個のうちの左から3番目かな……」
そんなふうに感じてみてください。

STEP 3

すると、ワクワクする感覚に共鳴した地球なり扉が、
「ここだよ」と教えてくれます。
そのことが、地球（あるいは扉）が光って見えたり、
どうしても惹かれる、という感覚で
わかるでしょう。

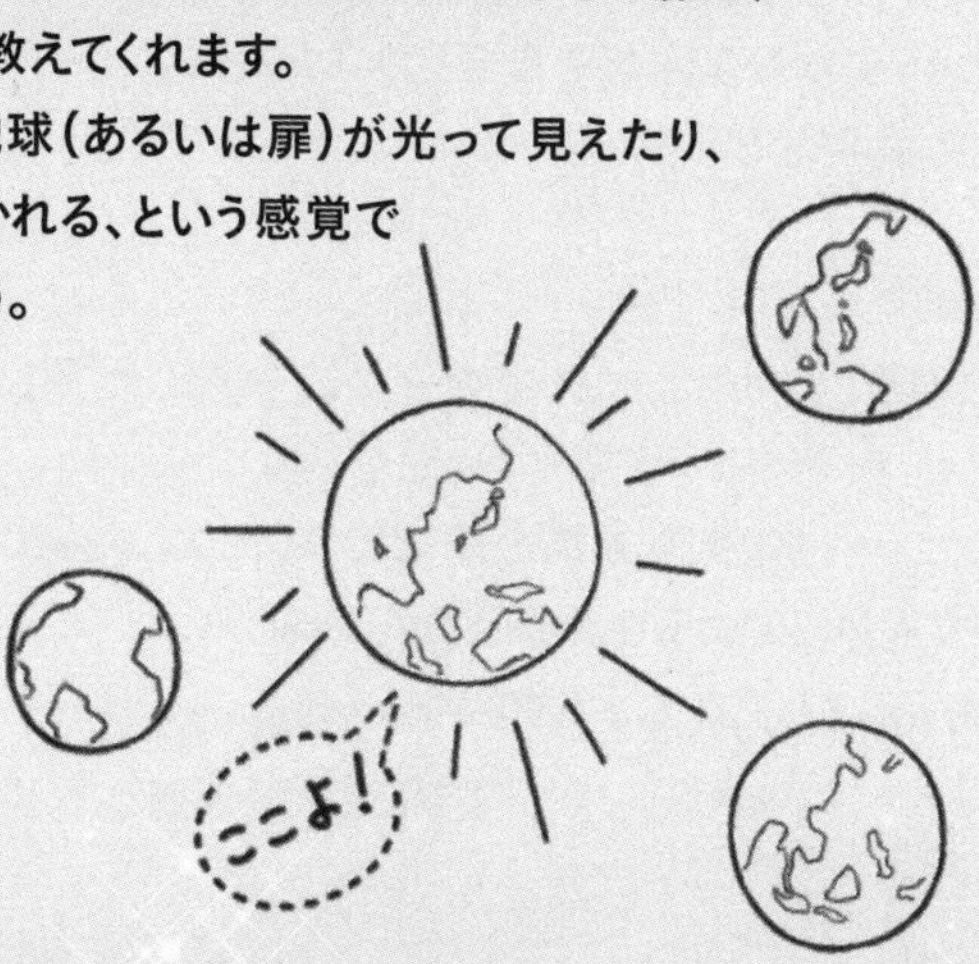

STEP 4

そこに意識を向けることで、チャンネルを合わせると、
意識がテレポート(パラレルシフト)し、
もう1人の自分と繋がることになります。
その地球に降り立った時、
もしくは扉を抜けた時に見渡した世界に、
クリスタル化した状態で立っている自分を見つけてください。

その自分とスーッと重なるように一体になり、
数回深呼吸してなじんだ後で、こんなふうに思ってみてください。
「この理想の自分になるまでに、私はどんな習慣を積み重ねてきただろう?　どんな趣味を持ってたっけ?　どんな仕事をして、どんな人と付き合ってたかな……」
と、"その理想の自分という今から過去を振り返ってみる"のです。

すると、不思議と記憶を思い出すことができるのがわかるでしょう。
よくわからなかったら、とにかく思い出してみようとしてください。
最初は、想像や作り事だと思ってもかまいません。
どんなイメージや考えが浮かんでくるか、
気持ちや感情が湧いてくるかに意識を向けてみてましょう。
それが、あなたが理想の自分になるために、
とても重要なヒントになっていたりするのです。

STEP 5

その結果、出てきたヒントを大切にし、実際に行動してみましょう。
たとえば、今ピアノを習っていなくても、
このワークを通して未来の記憶にアクセスした時に、
ピアノをやっている自分が浮かんできたら、
早速トライしてみるのです。

※こんなふうに自分の直感に従って、このステップを繰り返し行ってもかまいません。

STEP 6

そうやって、
別のパラレルに存在する自分に
チャンネルが合っていくと、
その自分を、だんだん体験し始めます。
つまり、エネルギー的なパイプで
繋がるようになるので、
「理想の自分になるための情報（※）」が、
ひらめきなどの形で
パラレルワールド（未来の自分）からやって来るので、
それを楽しみながら実行してみるのです。

「これをやったほうが良い！」
と突き動かされるような感じがしたら、
その感覚に素直に従ってください。
それにより、チャンネルをさらにしっかり合わせることができ、
望んでいたことへのチャンスがやって来たり、
必要な情報を見聞きしたり、関連する人と出会ったりするうちに、
願っていたことが具現化されていくのです。

※その世界での自分を構成する記憶。
たとえば、「菜食主義になっている自分」「早寝早起きをしている自分」など、
いろいろなイメージやアイデアをキャッチするようになります。

WORK

最適化を促すためのセルフケア その2

「ダイヤモンドの光の粒子」でネガティビティを洗い流す方法

現在、地球にはものすごい量の光が降り注いでいます。それは、人々の目醒めを促すための周波数です。この覚醒を促すためのエネルギーが存在する領域は、いわゆる「フォトンベルト」と呼ばれています。

降り注いでいる光について、高次の存在は「ダイヤモンドの光の粒子」と呼びます。

✦

今この地球上で使えるエネルギーの中で、
最も高い周波数のひとつが、
「ダイヤモンドの光の粒子」と呼ぶエネルギーである。
ダイヤモンドダストのような、キラキラとした光の粒子を意識することで、
そのエネルギーを使うことができる。

✦

ですので、ぜひ、ダイヤモンドの光の粒子が天から降り注いでいるところをイメージしましょう。

ここでご紹介するのは、「最適化」を促すために、心地良くない重たい周波数を手放す方法です。

STEP 1

自分をクリスタルの身体でイメージし、
自分の中のネガティブな思いを
「何らかの形」として捉えてみましょう。
黒い固まり、黒い液体、黒い煙、
何でもかまいません。

STEP 2

「滝のような大量の光」か
「キラキラした
ダイヤモンドダストのような光」
をイメージします。

※どちらか、好きなほうをイメージしてみてください。

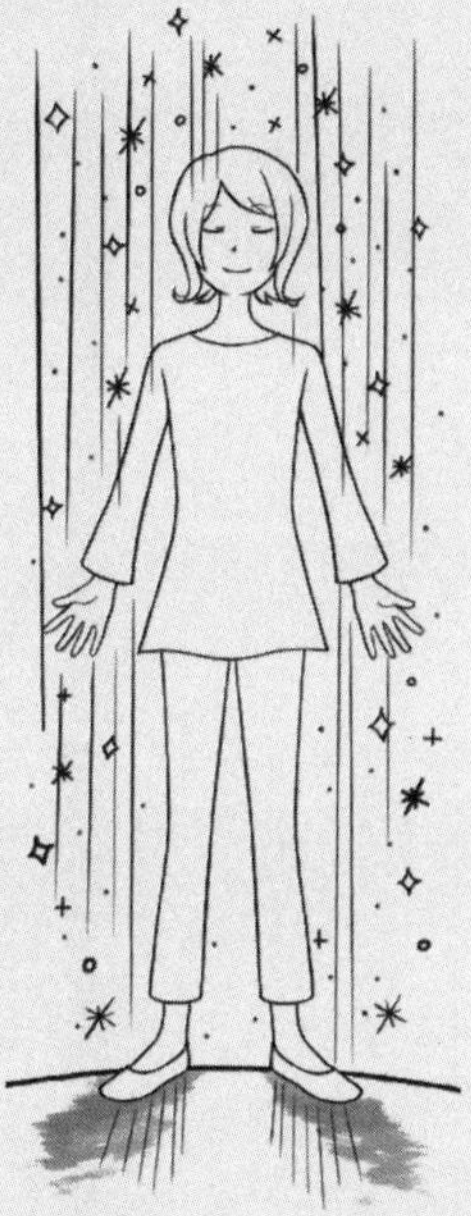

STEP 3

次のことをイメージしてください。
天から光の粒子が、
シャワーのように勢いよく、
自分へと降り注いで来ます。
その光が頭の先から流れ込み、
つま先に向かってダーッと流れて行きます。
この時、自分の中にある
ネガティブなものを溶かしつつ、
洗い流すように、
足の裏から体外へと流れ出て行きます。

《アドバイス》

光をイメージするだけでなく、物理的にダイヤモンドを身に着けるのも効果的です。ただし、パワーストーンの中でも特にダイヤモンドは、持つ人の周波数を忠実に増幅させる作用を持っているので、"その人が持っているもの（周波数）"を浮き彫りにします。

そのため、ネガティブな気分の時に身に着けると、そのネガティブさがさらに増大します。逆もしかりです。なので、なるべくポジティブな気分の時にだけ、身に着けるようにしましょう。

第6章

2038年前後に
起きようとしている
前代未聞の集団アセンション

高次存在から知らされた、近未来に訪れるという
全宇宙スケールの集団アセンション。
それは、どのようなものになるのでしょうか？
その先に、何が待っているのでしょう？

宇宙レベルのかつてない集団アセンション

2038年前後に全宇宙がシフトする!?

今回のアセンションは、全宇宙を含む大きなスケールとなるでしょう。

オープンコンタクトが予定されている2038年前後は、集団アセンションを伴う「全宇宙規模の大きなシフト」が起きるタイミングになりそうです。

「それは、今までに体験したことのない宇宙のシフトだ」と、高次の存在は伝えてきています。具体的な時期は、まだ伝えられていませんが、まずは2021年の冬至にゲートが閉じた時に、どれだけの人が目醒めることを決めるのかにもよるでしょう。

これは宇宙史上、初めて起きる出来事なので、その時、何が起きるのかの詳細は、実は高次の存在でさえもわからないのです。ただ、他の宇宙種族は、すでにその準備を整えています。そして、残念ながら、このシフトの鍵を握るはずの地球人だけが遅れてしまっているので、その準備を整えるサポートをするためにも、彼らは地球を訪れているのです。

「源」が決めたグレートシフト

ではなぜ、「宇宙規模の大きなシフト」が起きるのでしょうか？

この宇宙のフィールドは、たくさんの星や惑星で埋め尽くされています。それは、〝多次元〟で埋め尽くされていることをも意味します。

その中にいる僕たちの魂は何をしているかというと、この宇宙に展開しているさまざまなフィールドであらゆる体験をすること。それが創造主とも呼ばれる「源」にとっての唯一の意図なのです。

それを体験する場所は地球とは限らず、たとえば金星かもしれないし、木星かもしれないし、火星かもしれないし、プレアデスかもしれないし、シリウスかもしれません。

時には、天の川銀河ではない銀河かもしれないですし、この宇宙ではない別の宇宙かもしれないのです。

あらゆるフィールドが展開する宇宙の中で、源から分離した魂と呼ばれる意識はさまざまな場所や次元に散っていき、そこで情報収集するわけです。「こんな体験をした、あんな体験もできた」と。

その情報を持って、魂は再び「源」と融合することになります。すると「源」にはたくさんのデータが集まることになり、それによって、さらにバージョンアップできるわけです。

「源」は、この分離と統合を繰り返しながら、発展・拡大を続けてきましたが、現在この宇宙に展開しているフィールドを体験し尽くしてしまい、自身のこれ以上の発展性が見込めないと判断しています。

そこで、いったんこの宇宙を閉じて新たなフィールドを展開し、再び進化・成長のプロセスに入ろうと決めたのです。そのため、全宇宙に展開しているフィールドがすべて集束したのちに消滅し、その後、新たな次元に新しい地球を含むフィールドが展開することになります。

その時、全宇宙の存在がゲートを通過する

これは、宇宙のサイクルというよりは、源自身が進化・成長するプロセスにおいて、現状のフィールド上での臨界点を迎えたことを意味します。

天の川銀河だけではなく、すべての宇宙がいったん消滅しますが、これは〝怖いことでも、悪いことでもない〟のです。宇宙のDNAというのは、進化・成長・発展しかありません。だから、これ以上の成長が見込めないとなると、当然それを行う新たな方向性を模索するわけですね。フィールドを閉じるにあたり、源は宇宙のあるポイントにゲートを創りました。そのゲートは、源という大いなる意識の中のひとつのポイントであり、新たなフィールドへと移行するための重要な通過点となります。

ですので、ゲートを通過しなければ、次のフィールドへ移行することはできません。

そして、「その時」を迎えたら、宇宙のすべての存在が、その〝ブラックホールのようなゲート〟をくぐり抜け、反対側にあるホワイトホールから吐き出されます。そうして、新たなフィールドに存在することになるのです。

グレートシフトの兆しは1987年から

このグレートシフトへの準備は、1900年代半ば頃から本格的に始まっていました。その流れを人類が明確に受け入れ始めたのは、1987年頃と言えるでしょう。

1987年は「ハーモニック・コンバージェンス」（8月16日〜17日に世界中で平和を願う祈りの祭典が行われた）の年として知られ、人類がワンネスへと方向転換するための大きな転機になった年です。

そのプロセスの一環が、今後起きようとしている「宇宙的なグレートシフト」なのです。

今回のシフトで何が起きるのか？　これについて、高次の存在に聴いてみても、〝こうなっていくであろうという可能性〟については言及しても、〝確実にこれが起こる〟ということまでは伝えてきません。

なぜなら、これから迎えるグレートシフトは、未だかつて、宇宙中のどの存在も体験したことのない変化だからです。

ゲートを通過している時は仮死状態になる！

地球は、以前よりも地軸が傾いていると言われています。そしてまた、他の惑星も実際、軸が傾き始めているのです。

これは何が起きているのかというと、ゲートを通過するため、そのゲートに向けて、全宇宙が一斉に体勢を傾け始めているのです。ゲートの吸引力はますます強まっていて、そこに吸い込まれる準備をしているために、各惑星が傾いていっているということです。

太陽系以外の宇宙も、そのイベントに向けて準備をしていて、実は、地球以外は準備が完了しているとも言えます。

今、高次の存在はこう伝えています。

✦

ゲートに吸い込まれ、通過している最中は、誰も記憶を保つことはできない。

「今、ゲートを通過しているのだ」と気づきながら通る者は、一人もいないだろう。

わかりやすく言えば、物理的に眠った状態、あるいは意識を失った状態でゲートを通過することになる。

そして、このゲートを通過する際に、新たに展開するフィールドにおいて必要なすべての情報や記憶をダウンロードし、ゲートを抜けた瞬間、まったく新たなフィールドで目醒めることになる。

✦

ゲートを通過する時間は、地球時間にして、早ければ7〜8時間程度、長くても3日程で完了するでしょう。

この出来事のことを、地球のポールシフトと重ね合わせ、人類が滅亡するのではないか、と思う人もいるかもしれませんが、過去においてもポールシフトは何度も起きています。でも、人類は滅亡しませんでした。

ですので、今回ポールシフトが起きたとしても、人類が滅亡することなどありません。

仮に、地球のポールシフトを想定した場合、急激な重力変化や気温変動、ライフラインや通信機器の停止など、様々な懸念が出てくるでしょう。でも、ゲートの通過に関して言えば、ライフラインの遮断を案じる以前に、「その時」僕たちは意識を保っていることはできません。

ゲートを通過する際に、なぜ意識を失うのかといえば、今までとはまったく違うフィールドに移行するにあたり、仮死状態に陥っている間に、必要なすべての準備が行われるからです。

新たなフィールドに関する膨大な知識や情報のやり取りをしている間に、下手に意識があることで、それらを正確にクリアに受け取る妨げになる可能性があるのです。

高次の存在は、こうも言ってきています。

いわゆる仮死状態になるのは、ゲートを通過する際、非常に強い磁場のエネルギーにさらされ、意識がそれに耐えられないからだ。

だが、ただちに死ぬようなことは、もちろんない。

ただ、進化することも、留まることも選択しない場合は、ゲートを通過中に、消滅してしまう者もいるかも知れない。

そのような者は、何万年待っても絶対に進化しようとしない、稀《まれ》な存在である。

自らの進化に一切興味のない者は、その時点で消滅して、源に吸収されるかもしれない。

いずれにしてもゲートを通過してから、「真に進化の道を辿っていく者」と、未だ眠りの道を生きながら、「次の進化のタイミングを待つ者」に分かれる。

✦

どのような世界に降り立つのかは、今の段階で具体的には決まっていません。決まっているのは、今までにない、まったく新しいフィールドが展開することだけです。

サインは時間が過ぎ去る感覚の変化

ゲートをくぐり抜ける時期が近づくと、人々に異変が現れ始めます。たとえば、いてもたってもいられないほど猛烈に眠くなったり、記憶が飛び飛びになる記憶障害などが、世界中で多発する可能性があります。

高次の存在は今、このように伝えてきています。

✦

人々にとって、新たなフィールドに移行するための準備が始まると、
急速に時間の概念が変わっていく。
人は1日を24時間で体験しているが、
これからは人によって、その体感がまったく異なるようになり、
非常に長い時間を過ごしたかと思うと、
今度は、あっけないほど短い時間だと感じる、
というような変化を体験することになる。

中には、記憶障害のような感覚に陥る者も出てくるだろう。

こうした変化を通して、新しいフィールド仕様へとアップグレードされることになるのだ。

✦

まさにこれは、人類が待ち望んでいたアセンションション以外の何物でもありません。しかも、今までに体験したことのないスケールなのです。

新地球では「まるで夢みたい」な世界が展開！

ゲートを通過したのち、「新生地球」にシフトすることが、いわゆるアセンションです。

それを達成するためには、「アセンションしたい！」と願い、そのために自分の波動をアセンション後の世界に同調させるべく準備をする必要があります。

もしくは、自分の人生の責任は、すべて自分にあることを受け入れ、批判や嫉妬を手放すことで、「真の愛・調和・平和」の性質をベースに生きることのできる精神性を発達させることが必要と言えるでしょう。

そのようなレベルまで波動を上げていった人たちは、新たな地球で目を覚ますことになるのです。そうなった時、今までの地球とはまったく違う景色を目にすることになるでしょう。

空の色も違うかもしれません。もしかしたら、ユニコーンのような存在が、そこら辺を歩いているかもしれません。

高次の存在が言うには、「これって、夢を見ているんじゃないのか?」と、多くの人が思うそうです。でも、夢と違っていつまでも覚めないので、「あ、これはどうやら夢じゃないらしい」と、自分が身を置く現実に気づき始めるとのこと。

意識を取り戻した時、肉体がどうなっているかは、人それぞれです。その人の魂レベルの進化や準備の度合いによっては、DNAが急激に変化して、肉体の密度がものすごく薄くなる人もいるでしょう。

さらに意識が戻った時点で、あるレベルにいる人は半霊半物質状態になり、〝シェイプシフト(形態変化)〟することも可能になるかもしれません。

そして、その新しい世界では、今まで多くの人が体験したことのないことを体験していくことになるでしょう。人々のDNAの眠っていた機能が復活するので、レビテーション(空中浮遊）やテレポーテーション（瞬間移動）ができてもおかしくないのです。

まるで、レムリアとアトランティス時代の黄金期を彷彿とさせます。人々は霊性も能力も高く、源との繋がりを常に意識しながら生きていましたが、新しい地球はそれ以上のものになろうとしているのです。「天国」と呼べるくらい、ワクワクするような変化を遂げた地球に生きることになるわけです。

そこでは、これまでの国のシステムや政府は存在しなくなります。一人ひとりがハイヤーセルフと繋がって主導権を取り戻すので、今までのようなリーダーが不要になるのです。

あなたの居場所はちゃんと用意されている

すでにお伝えしたように、今回のアセンションに関しては、今まで誰も体験したことのないものなので、どのような変化が起きるのかという詳細は、現時点でまだ完全に把握ができていません。なので、あくまでも「こういったことが起こり得る」としか言えないのは、今までのフィールドが閉じてしまう程の変化だからです。

今回のアセンションで、刷新された宇宙が展開するということは、それまでのフィールド上ではできなかった体験をすることを意味します。すると、地球が七色になっていてもおかしくはないですよね。

現実的に考えた時、「新しい世界へと変化するわけだから、その世界では自分の自宅がなくなっていたら、どうすればいいんだろう？」と思うかもしれませんね。

大丈夫。帰る場所はちゃんと用意されていると思ってください。宇宙は完全であり、すべてに公平ですから、何も心配する必要はありません。単に、まったく新しいフィールドが用意されるだけなので、そこに移行したからといって、何かに困ることになったりはしません。

新生地球に同調できない人はどうなる？

この大きなシフトをパラレルワールドの視点から見ると、ゲートを抜けた先にあるのは「別の地球」です。

ゲートを通過する際に、新生地球に同調できない人、つまりアセンションを選択しない人は、「今の地球と似たような物理次元」へと転生することになります。

これは、今の地球の条件とそっくりな惑星で意識を取り戻す、という意味です。そこは以前の地球とそっくりなので、自分が新たなフィールドに移行したことに気づかないかもしれません。

そして、今までどおりの生活が展開します。本人は仮死状態だったことを知らないし、目が覚めた後、「仮死状態になる寸前の現実の続き」が展開されるわけです。

相変わらずこの地球と同じような環境に身を置いて、「アセンションとか言って、何も変わらなかったじゃん」と思いながら、寿命が尽きるまで生きる人たちもいるのです。

それまでの人生が塗り替えられる可能性が

もし、知人や家族の中で、誰かがアセンションして、誰かがしなければ、アセンションしなかった人は、アセンションした人を急速に忘れていくでしょう。

たとえば、ある夫婦がいて、夫のほうはアセンションせず、妻のほうがアセンションした場合、どちらも「結婚していない人」になるのです。

なぜなら、夫の中で妻の記憶が完全になくなり、妻の中でも夫の記憶が完全になくなり、互いのそれまでの人生が結婚していなかった状態へと変化するからです。

これは非常に理解し難いことかもしれませんが、互いの波動域がまったく変わってしまうことで起こる現象です。どちらも相手と過ごした記憶を失い、過去が塗り変わったことに気づかないのです。

「新生太陽」から届く覚醒を促すエネルギー

太陽は2006年くらいからポールシフトが起き始め、それが2018年辺りに終わり、「新生太陽」となりました。

新しくなった太陽を見て、それと知らなくても、「輝き方が今までとは違う」と感じている人もたくさんいるようです。あなたも、そうかもしれません。

太古の昔から人類は、生命を育み、見守ってくれる存在として、太陽を崇めていました。その役割は、もちろんとても偉大ですが、宇宙的なグレートシフトの兆候が起き始めた1987年以降から、太陽の役割が大きく変わり始め、数年前に新たな役割に入っています。

今、高次存在がこう言っています。

この地球に、銀河の中心であるグレートセントラルサンから、
覚醒を促すフォトンのエネルギーが、太陽を経由して届けられている。
だから、太陽もアセンションする必要があった。
新しく、より高い周波数を送受信できるように、
太陽も準備しなければならなかったのだ。
それが起こったのだと理解しなさい。

✦　✦

どう変化したかと言えば、曖昧さがなくなり、明確な意図を持って存在するようになったのです。

太陽は生命を生かすための恒星ですが、現在の太陽はそれ以上に〝人類のアセンションを促すために存在している〟と言ったほうがいいかもしれませんね。

太陽のオーラも、より明るく精妙で軽やかになり、今この瞬間も「目醒めの時は今！」というメッセージを送っています。人類の覚醒を促すエネルギーの宇宙的な中継点として、「本来の可能性に目醒めるのは今ですよ！」と、常に発信しているのです。

WORK

太陽光線で「アセンションコード」を起動!

これは非常にパワフルなイメージワークです。意識の覚醒の鍵を握る「アセンションコード」を起動させる鍵のひとつは、「松果体」にあります。その松果体を活性化させるには、太陽光線を浴びることが効果的です。

効果的な時間帯は、朝日が昇る時か、沈む時。

直視せずに、太陽の方向を向き、このイメージを行ってください。それにより、太陽光線を"意識の力"を通して松果体へと引き入れることができます。

もし、天気が悪くて太陽が何日も出ていないような時は、部屋の中で太陽をイメージして行ってみてください。

高次存在からのメッセージ

このビジュアライゼーション(視覚化)を行うことにより、
松果体から「アセンションに向けて必要な情報」が発信されることになる。
太陽光線は「アセンションコード(情報)」を含んでいるからだ。
それを、松果体に引き入れることによって、
松果体が本来の機能を取り戻し、活動を開始する。
それが始まった時、アセンションに向けて、
DNAレベルに封印されているアセンションコードが共鳴し、起動する。

そして、太陽神経叢に太陽光線を招き入れるのも大事なことだ。
太陽神経叢には、個人のパワーに関する問題におけるエネルギーが
深く刻み付けられ、潜んでいる。
そのため、松果体と同じように、太陽神経叢にも太陽光線を
招き入れることで、そこに溜まっているさまざまなパワーにまつわる
ネガティブなエネルギーを浄化することが必要になるのだ。
それが、自分本来のパワーを取り戻すうえで、重要になってくる。

STEP 1

太陽の方向を向き
（太陽を直視せず、
少し視線をずらしてください）、
深呼吸しながら、
太陽光線が自分の松果体へと、
貫くように入ってくるのを
イメージしてください。

STEP 2

太陽光線がどんどん入ってきて、
松果体がプリズムのように輝き始めます。

STEP 3

太陽光線が松果体から
体内へと降りて行き、
「太陽神経叢」（第３チャクラ）に届き、
そこがプリズムのように輝きます。
松果体と太陽神経叢の両方が、
美しく光輝くのをイメージし、
深呼吸をしましょう。

COLUMN

「宇宙的な大シフト」と関係するフォトンのエネルギー

〈万物を純化するフォトン〉

太陽系はだいぶ前から「フォトンベルト（フォトンの密集域）」を通過中であり、近年は特に濃密なフォトンのエリアの中にいると言われていました。

これは、宇宙の中心方向へ吸引されていく「宇宙的な大シフト」と、まさに重なる状況です。

ですので、宇宙的な大シフトはフォトンベルトと関係していて、フォトンとは、意識の覚醒を促すエネルギーである、と言うことができます。

僕から見ると、毎年、地球を取り巻くフォトンのエネルギーが濃密になってきています。そして今後は、もっと色濃くなっていくでしょう。

フォトンは純粋な光なので、万物を〝純化〟する作用があり、それによって物事を浮き彫りにするため、フォトンが多く取り巻けば取り巻くほど、個人も社会もカオスな状況になりがちです。

自分の中に純化できていないものがあれば、それらをすべて浄化するために、フォトンのエネルギーが浮上させ、解放されることになります。

これまで自分の内に溜め込んできたすべてのネガティィビティを解放するため、そのプロセスは、時に辛く苦しいものになることもあるでしょう。

〈フォトンとプラーナは関係し合っている〉

フォトンベルトに関しては、僕は高次の存在から「現在はこのようになっている」と、その様子を視せられたことがあります。でも、地上に存在するフォトンには、あまり意識を向けたことはありませんでした。

たとえば、プラーナであれば、その様子が見えるという人も中にはいますが、フォトンに関しては、「あ、ここにフォトンが見える」というようなものではないのかな、と思っていました。

……でも、高次の存在たちはこのように伝えてきています。

プラーナを見る人がいるように、
フォトンも見ようと思えば見ることは可能である。

さて、惑星がフォトンベルトを通過する時、
そのエネルギーで、惑星を取り巻くプラーナが活性化する。
フォトンとプラーナは別のものではあるが、
2つは連動するのだ。

第 7 章

宇宙種族との
オープンコンタクトに向けて

「大シフト」の前後に予定されているのが、
宇宙種族と地底世界の存在たちとの
「オープンコンタクト」です。
これにより、地球は宇宙ファミリーへと迎え入れられます。
でも、そうなる前に予行演習と思って、
今から宇宙人との友好関係を築きましょう。

進化の過程に組み込まれたオープンコンタクト

2038年頃に地球は宇宙時代を迎える

宇宙種族と地底世界の存在たちは、過去に何度か地球人とのオープンコンタクトに向けて計画を立ててきたのですが、いずれも延期になっていました。その理由は、地球人の意識状態が、地球外の存在を受け入れられるレベルに達していなかったからです。

次にオープンコンタクトが予定されている2038年頃は、真の意味での宇宙時代の幕開けとなります。一気に人々の意識が宇宙に向き、その時から宇宙開闢《かいびゃく》時代に入っていくでしょう。

これは非常に重要なことです。オープンコンタクトは、ある意味、宇宙的に定められたスケジュールみたいなもので、僕たちの進化のプロセスであるとも言えます。

僕も、高次存在たちから常々、伝えられていました。

「これから先、オープンコンタクトが起こり、地球は宇宙連合の仲間入りをすることになるだろう」と。

宇宙から見たら、これまでの地球はまるで鎖国状態のように、ずっと孤立していました。マザーアースであるこの地球は、ずっと孤独を感じてきたのです。

なぜそのような状態だったのかと言えば、簡単に表現するなら、この地球は長い歴史において、支配構造の中にあり、その過程で地球を取り巻くネガティブなエネルギーの厚い層ができあがり、隔離状態に追い込まれていたからです。

そんな中、これから僕たち地球人が、ずっと与え、養い続けてきてくれた地球《ガイア》に対して何ができるかと言えば、「宇宙連合への繋ぎ役」がそのひとつと言えるでしょう。

宇宙連合に仲間入りする条件

繋ぎ役となるためには、不安や恐怖という地球特有の周波数を手放して、宇宙存在が地球に降りて来た時に、オープンな意識で「ウエルカム!」と迎えられるレベルまで、意識を高める必要があります。

それが、宇宙連合に迎え入れられる条件です。なぜなら、不安や恐怖という周波数を使っていると、彼らが地上に降りて来た時、人類は臨戦態勢に入るからです。恐怖心から、「戦わなきゃ、襲われる！　侵略される！」と。

このような意識状態でいたら、彼らは地球に降りて来れませんよね。

なので、まずは地球のためにも、自分自身のためにも、怖れの周波数を手放すこと。それが、オープンコンタクトを実現させるための大前提であり、結果的に地球と宇宙連合を繋ぐことになるのです。

その意識レベルになると、人類は晴れて宇宙連合の仲間入りをすることになります。それを機に、宇宙種族と交流することになり、地球が抱えてきた深い孤立感が癒されることになります。

これは夢物語でもトンデモ話でもなく、これから実際に起きようとしていることなのです。厳しい言い方になりますが、僕たちは、あまりに宇宙のことを知らなさすぎます。この地球のこともよくわかっていないのですから、宇宙のことなどもってのほかかもしれません。

なので、まずは、もっと自分と向き合い、自身を知ろうとすることから始めましょう。そうして少しずつ視野と認識を広げていくことが大切です。

地底世界からもモニタリングされている

2038年頃、宇宙と地底の両方からオープンコンタクトが予定されていますが、それにあたり、地底世界の存在たちは慎重に地球人をモニタリングしています。地上に上がってくるタイミングを見計らっているからです。もしかしたら、宇宙種族よりも地底の存在のほうが早いかもしれません。

地底世界にあるレムリアの都市テロスには「アダマ」というアセンデッド・マスターがいますが、彼が地上に現れるかどうかは決まっていません。ただし、「地底にいる高次存在」の代表にあたる存在が、まずは公式会見をする予定だそうです。

地底世界の存在たちが常にチェックしているのは、地球人の意識と波動レベルの状態です。地球の状態と人類の意識が安定化していくであろうと予測される2032年に照準を合わせて、人類の集合意識の「平均値」を調べ、中には特定の個人がモニタリングされているケースもあります。

実は、僕の「分身体」はテロスにいます。そのため、僕自身、地底人にモニタリングされたことがあります。

ある時、僕の分身体の関係者が、「あなたをずっと見てきました。日常生活を逐一、モニタリングしていたのです」と伝えてきたことがあります。その時は、「それはやめてください！　プライバシーの侵害じゃないですか！」と、ちょっと怒って答えました（笑）。

異なる世界に存在する「分身体」からの情報

テロスにいる僕の「分身体」は、見かけは全然違いますが、僕の魂を分けている存在。でも、いわゆる「ツインレイ」とは違います。……言葉で説明するのは難しいですね。

彼は、テロスで子どもの教育に関わる仕事をしています。その子にはどういう才能があるか、どういう資質を備えているかを見抜き、小さいうちから持って生まれた才能や英知を発揮できるよう、導いているのです。

僕は、眠っている間にアストラル・トラベル（体外離脱）をして、彼に会いに行くこともありますし、彼に意識を向ければ、彼が今、テロスで何をしているかを同時進行で捉えることもできます。

これは難しいことではなくて、意識を「こことあちら」の両方に使えばいいだけです。

……まさに今、彼は洞窟で瞑想をしていますね。

こんなふうに、時に僕の中では同時に2人の人生を生きているような感覚を得ることがあります。

分身体についての情報を、今、高次存在はこんなふうに伝えてきています。

✦

分身体とは、あなたの「オーバーソウル」(＊)から

あなたと同じ役割を担い、

それを違う場所・次元で、違う角度で遂行する、

ある種の運命共同体である。

そのため、地底に限らず他の星や惑星にも存在している。

また、分身体の存在は、必ずしも1人と決まっているわけではない。

2人や3人いる者もいる。

分身体に気づけないのは、多次元にまたがって

＊高次の魂である、親のような存在。

意識を同時に使うことに慣れていないからだ。

✦

テロスにいる分身体からの情報によると、日本人の約6％ほどは、テロスに分身体が存在するそうです。オープンコンタクトのことを考えると、今後は地球内部にも意識を向けてみるのも良いでしょう。なぜなら、スペースシップは地球内部からも飛来しているからです。
分身体も、こう伝えてきます。

✦

地上で目撃されているスペースシップの中には、
地球内部からのものも多い。
地上ではそれプラス、
人間が軍事的な理由で作ったものも目撃されている。

✦

オープンコンタクトに向けて友好関係を築くために

個人レベルで積極的にコンタクトを

今後、僕たちに大切なのは、オープンコンタクトを意識することです。地球はこれから宇宙連合に加入し、仲間として迎え入れられることになるからです。

僕たちは、もっと宇宙に意識と関心を向けることが大切です。自分たちの住む惑星以外にも、他の種族がいることを知らないのは、宇宙を見渡しても地球人くらいです。

これから地球は宇宙時代に突入していくわけですから、もっと宇宙と仲良くなりましょう。

もし、あなたの心が惹かれたら、個人レベルで宇宙存在たちと友好関係を築くために、ここでご紹介する方法をぜひ試してみてください。

方法1◆コンタクトは意志表示を明確に

宇宙存在や地底人たちにコンタクトする時は、敬意と感謝の気持ちを持ち、彼らに向かって話しかけるという意識で、こんなふうに伝えてみましょう。声に出しても、心の中でも、どちらでもかまいません。

＊＊

私はすでにコンタクトする準備ができています。
心からあなた方とコミュニケーションを取りたいと思っているのです。
私のほうは準備万端なので、よろしければ私にコンタクトしてきてください。

＊＊

このような意志表示は、とても大事なことです。なぜなら、多くの人たちがそうした意識になった時、人類が辿る道が変わり始めるからです。オープンコンタクトの時期が、もっと早まることにも繋がります。

こちらからコンタクトを求めた時、彼らはスペースシップを見せる機会を与えてくれるなど、色々な形でサインを与えてくれます。夢の中に、宇宙人やスペースシップが現れることもあります。そのような形で、コンタクトを始めるケースも多いですね。

方法2◆縁のある星から応援のエネルギーを受け取る

次にお伝えすることも、とても重要なことです。

普段から、宇宙に向かってお願いをしたり、話しかけたりする人は多いことでしょう。その際、より効果的なのは、自分の魂と〝ゆかりのある星〟に想いを向けることです。

たとえば、応援やサポートのエネルギーを受け取るために、自分と縁のある星がわからなくても、「ゆかりのある星や惑星」と言えば、魂レベルでは知っているので、その星に想いが届き、繋がりが強まります。

星空でも星が出ていなくても、空（宇宙）に向かってこう言いましょう。

＊＊

私に縁とゆかりのある星や惑星にいる存在たち、
私に応援とサポートのエネルギーを送ってください。ありがとう！

＊＊

そうすれば、見えなくても、まるでシャワーのようにたくさんのエネルギーを送ってくれます。進化と成長をサポートするそのエネルギーにより、内的変化が起きるでしょう。

たとえば、「あ、自分は独りじゃないんだ」「すごく守られている」という感覚が急に湧いてきたり、「よし、前向きに生きよう！」という気持ちになったり、それまで感じていた空虚感がなくなったりします。

また、「私が知りたいと思っている情報について教えてください」とお願いすれば、彼らが必要な答えをテレパシーで送ってくれることもあります。

ただ、次のことを覚えておいてください。

●彼らとのコンタクトは、基本的に人間関係と一緒なので、「敬意と感謝」を忘れないこと。
●彼らは、僕たちの成長を妨げる助け方は一切しないので、頼ったり、依存したりする意識で関わらないこと。
●彼らは、決して僕たちを怖がらせたり、不安にさせるようなことは言ってこないので、そのような感覚を受けたら、そのメッセージは無視すること。

などです。これらのガイドラインを、しっかり頭に入れておいていただけたらと思います。

方法3◆日頃から宇宙や宇宙人を意識する

宇宙人の魂を持っている人や、自分に縁やゆかりのある星や惑星からもっとサポートを受けたい人は、波動を上げつつ、普段から宇宙や宇宙存在のことを意識して過ごすようにしましょう。それにより、さらに気づきがもたらされます。

僕自身がよくコンタクトする宇宙的存在のアシュタールについて

僕自身は、魂のルーツがシリウスにあるので、ゆかりのあるシリウスの存在たちと、よく夢の次元でコンタクトしています。彼らは非常に精神性が高く、遺伝子工学の分野も非常に進んでいます。

その他、よくコンタクトしている存在は、アシュタールです。二次元に存在している彼は宇宙連合の中心的存在であり、スター・オブ・アシュタールというスペースシップの指揮官です。

僕がアシュタールとコネクションが強いのは、いずれ地球が宇宙連合に加わろうとしていることとも関係しています。

アシュタールは僕のワークショップ中に参加者にメッセージを与えてくれたり、エネルギーを活性化してくれるなど、さまざまなサポートをしてくれます。彼はユーモアがあって、ウイットに富んでいる反面、クールで知的な面もあるジェントルマンです。

COLUMN

宇宙人と友だちになるためのテレパシーの送信法

大切なことなので再度お伝えしますが、宇宙存在と仲良くなるためには、まずはこちらから〝意志表示〟をしましょう。

それには宇宙に向かって、「こちらはコンタクトする準備ができています。よろしければ、コンタクトしてきてください」という想いを発信することです。

その他には、普段から宇宙に関心を向けて、宇宙を意識すること。たとえば、宇宙的な情報をチェックしたり、宇宙に関する本を読んだり、さまざまな銀河の写真を見たりするなど、いろいろと試してみてください。宇宙にまつわるアイテムを身近に置くのも効果的です。

まずは宇宙にオープンになることが大前提で、そこからスタートするのです。

高次の存在が、こう伝えてきています。

✦

彼ら（宇宙種族）には、思いがテレパシーで伝わる。

テレパシーは、言葉だけではなく、イメージでも伝わるものなのでたとえば、宇宙種族たちと友好的に接している自分や、彼らと肩を並べて歩いていたり、仲良く会話をしているリアルなイメージを、空に向けて送るといい。

あるいは、地球人が彼らと親密に交流している様子をイメージするのもいいだろう。

空に向けて送る、という言葉が難しければ、彼らと交流しているシーンを写真や映像として携帯で撮って、それを送信する感覚と言ったほうが、あなた方にはわかりやすいだろうか……。

とにかく、こうしてイメージを送信することでお互いの距離が、徐々に縮まっていくだろう。

✦

ビジュアライゼーション（視覚化）＝テレパシーを送ることになり、それをすることで集合意識にも影響を与えていきます。つまり、宇宙種族に思いを向ける人が多くなればなるほど、今まで宇宙に関心を向けてこなかった人たちにも浸透して、こうした概念が広がりやすくなるのです。

だから、あなたの宇宙への関心は、そのまま集合意識にもプラスの影響を与えるのだ、ということをぜひ覚えておいてください。

地上の受け入れ体制に貢献する宇宙の存在たち

変革期をサポートすべく地上で暮らす宇宙人

今という地球の変革をサポートするために、地上で暮らしている宇宙種族もいます。

今ここで、彼らにフォーカスしてみましょう……。僕に見えているのは、人間に紛れて暮らしている「金星から来た存在」や「ケンタウルス星から来た存在」。彼らは特定の地域に集まって暮らしています。

金星人の見た目は西洋人に似ていて、一般社会に混じって普通に暮らしている者もいます。ケンタウルス星人の見た目は、ちょっと人間離れしている感じですね。

日本人の中には、地底人が混ざっていることもあるようです。でも、見分けはなかなかつかないと思います。

彼らの特徴を読み取ってみましょう……。どちらかというと、背は低め。とは言っても、背が低めの人は世の中にはたくさんいるので、それだけでは見分ける特徴にはならないですよね（笑）。

性質的には、生真面目さを醸し出している存在が多いようです。背が低めで生真面目で、少しずんぐりむっくりした印象に見えるかもしれません。

まさに、「勤労」という言葉がピッタリくるような印象です。もちろん本人は、地上のモニタリングなど、役割があって地底から来たことを自覚しています。

……今、彼らがテレパシーでこう教えてくれました。

✦

主には調査で来ている。
女性ももちろんいるが、
昔はほとんど地上には出て来ていなかった。
近年になって、地球の波動が変わってきたため、
地上にやって来ている。

✦

「ウォークイン」が増えてきている

地上では、自覚なくウォークイン（肉体に宇宙存在の魂が入ること）を経験し、宇宙人の魂を持つ人が増えています。

基本的にウォークインする時には、衝撃的な事故や大病を経験する中、生死の境を彷徨うことで起きるケースが多いと言えます。

中には、時に寝ている間になされることもあります。滅多にないことですが、本人からしたら、それまで平穏無事に過ごしていたのに、寝て起きたらウォークインが完了していたということもあり得ます。そうであっても、それは魂レベルの同意のうえで起きているので、悪いことではありません。

ウォークインが起きたことを自覚していないケースも、多々あります。そのため、当人に対し、「ある日突然、変わってしまった」と周りの人たちが戸惑うことも多いのです。肉体の死を迎えることなく生まれ変わったような感じ、と言えばわかりやすいでしょうか。

ところで、なぜ今、ウォークインが増えているのかと言えば、宇宙的な大シフトが起きる時期に「彼ら」が地上に必要だからです。
高次の存在は、このように伝えてきます。

✦

この現象は、変容の時期を
サポートするために起きている。
人々には、赤ちゃんから人生を
やり始める時間がもうないからだ。

✦

ウォークインされた人が、「自分はウォークインなんだ！」と気づいたとしても、まったく気に病む必要はないし、そもそもショックを受けることではありません。
ウォークインして来た宇宙的な存在は、自分がわけあってこの地上へやって来ていることを知っているし、それ以前に肉体に入っていた人格の魂は、もう肉体を離れて次なる行くべき世界へ行っているわけですから。

宇宙人の魂を持つ人の特徴

ウォークインに限らず、僕から見て、宇宙人の魂を持つ人はパッと見てわかります。彼らは一般的な地球人とは違う、独特な波動を持っています。それは、生まれつき宇宙人の魂を持つ「スターチルドレン」も同様です。

彼らの特徴を挙げると、次のような感じです。

●地球にグランウンディングできてないので、浮き足立つようなエネルギーを持ち、波動的に少しフワフワしている。

●自分のルーツとなる星での習慣と、地球人のルールがあまりにかけ離れているので、社会になじめない。生まれる前に「地球のルールにはこういうものがある」と、一応、学んではいるものの、学んだことと実際の現場では勝手が違うため、孤独を感じやすい。そのため、「なんだか自分はここに属していない気がする」という感覚にとらわれたり、周囲にたくさんの人がいても、なぜか孤独感に襲われ、一人ポツンとしてしまいがち。

●「帰りたい」と思っても、それは家ではなく、どこに帰ればいいかが思い当たらないにもかかわらず、「帰りたい」と思い続けている。
または、「なんでここにいるんだろう?」という疑問や、「置いて行かれてしまった」という悲しみ、「いつか迎えに来てくれる」という期待を抱きやすい。彼らは、空をずっと眺めているという傾向がある。


こういう人は大体、宇宙人の魂を持っています。

だから、自分のルーツとなる星や惑星の存在に、応援やサポートをしてもらうために、先ほどご紹介した方法で、彼らに依頼するようにしましょう(＊226～229ページ参照)。

お願い事はまずは自分のガイドに

細かいことですが、「自分への情報を与えてください」とお願いする場合、宇宙人よりも、まずは自分のガイドからにしてください。

なぜなら、ガイドはその人を守る専属の導き手であり、守り手だからです。優先すべきはガイドです。

もちろん、高次の自分であるハイヤーセルフから答えを受け取ることも可能です。ハイヤーセルフもガイド的な働きをするので、何かをお願いする場合は、スピリットガイドとハイヤーセルフのどちらに頼んでもかまいません。

もし、ハイヤーセルフとスピリットガイドから受け取った答えがそれぞれ違っているように感じたら、それは「違う角度から伝えているから」です。

スピリットガイドもハイヤーセルフも、「守護する者の魂の役割の遂行と魂レベルの向上」という同じ目的のために働いています。一見、矛盾した内容に思えても、高い視点から見たら「あ、そういうことなんだな」と、どちらの答えも理解できるでしょう。

第 8 章

アセンションのための
ハートケア

肉体ごとアセンションするには、
松果体の働きとともに、
特に「ハートチャクラ」の活性化が鍵を握ります。
日常生活の中でなるべくハートをケアしましょう。

覚醒を左右するハートチャクラの活性化

アセンションに不可欠なハートチャクラの働き

アセンションに向けて準備をすることは、ハートチャクラを活性化することも含まれます。僕たち地球人に課せられた大事な役割とは、源と地球を繋ぐパイプになることです。そのために重要なのが、「ハートチャクラ」。

このチャクラは、上位のチャクラ（第7〜第5）と下位のチャクラ（第3〜第1）を繋ぐポータルになっているため、ハートチャクラが詰まっていると上と下が繋がらなくなります。すると、源と地上とを繋ぐ光の柱が立たなくなってしまうのです。

ハートチャクラが開くことによって光の柱が太く立つようになり、源のエネルギーが地球に流れ、地球のエネルギーは源に流れるようになります。

その交流によって、源のエネルギーが供給されるようになり、本当の意味でこの地球も活性化し、地球に存在している僕たちもイキイキし始めます。

でも、ハートが閉じてたいら、それは起きません。ですから、ハートを開いて活性化することが、アセンションしていこうとしてる僕たちには、絶対的に必要になります。

それには、次のような意図を持ち、イメージすることも効果的です。

宇宙から流れてくる、ホワイトゴールドの浄化の光が自分の体を貫くように地球の中心まで流れ、その間、各チャクラを浄化してくれています。

慣れてきたら、その光を太くして、自分が大きな光の柱の中にいて、そこをパワフルな源からのエネルギーが通り、地球の中心へと流れて行くのをイメージします。

次に、地球の中心から源に向けてエネルギーが流れて行きます。

このような循環を、心地良い範囲で行ってみるのも良いでしょう。

最後は、エネルギーを地球の中心まで降ろし、深呼吸して終わりましょう。

高次の存在は、こう伝えてきています。

✦

今現在、人々のネガティビティを浮上させて解放し、
覚醒を促すフォトン（光）のエネルギーが、
地上に大量に流れ込んで来ている。
ネガティビティが浮上することで
向き合うことになる苦しみや痛みを感じたくはないであろうし、
何より自分が、それだけのネガティビティを持ち合わせていることなど
知りたくもないだろう。
それゆえに、ハートを閉じてしまうのだ。

ハートチャクラは、感じ取る感性、
つまり、霊感（クレアセンシェンス）を司っている。
このチャクラが開いていることで、
より敏感に感じ取ることができるようになるが、

同時に、ネガティビティも強く感じてしまうことになる。

すると、それを感じたくないから、人はますますハートを閉じようとする。

そうした傾向が、今現在、強くなっている。

ハートを閉じることで、ウツに陥る人たちも増加傾向にあると言えるだろう。

✦

ウツになると自殺願望が強まる人もいますが、それは根本的にはハートチャクラの状態が影響していると言えます。

ハートを開かないと、ハイヤーセルフと明確に繋がることができません。ハイヤーセルフは、すべての存在やエネルギーと僕たちを繋いでくれる「電話交換手」のような役割を果たしているので、ハイヤーセルフと明確に繋がれないということは、他の存在とも繋がれないことを意味します。

そうであれば、まず簡単にできることとして、ハートチャクラを広げるようなイメージングでもするといいのでは、と思うかもしれません。でも、ハートチャクラが閉じている時は、イメージすることさえ難しくなることがあります。余裕がなくなるからです。

まずは、ハートチャクラを開くのに役立つ〝ツール〟を使ったほうが効果的です。

ここで、お勧めの方法をいくつかご紹介しますので、試してみてください。どの方法も、ハートを開き、周波数を上げてくれます。

《ツールを使ってハートチャクラの周波数を上げる方法》

●ローズクォーツのペンダントを身に着ける

ローズクォーツがハートの位置にくるように、ペンダントを身に着けてみてください。そのローズクォーツのエネルギーを、ハートから呼吸するよう、イメージします。ピンクのエネルギーが、ハートに浸透していくのを思い浮かべてもいいでしょう。

仮に、ローズクォーツの効果を信じていなくても、石はちゃんと働いてくれます。

●ローズクォーツのタンブルを持ち歩く

もし、仕事の都合上、常に身に着けるのが難しい場合は、タンブル（手のひらに収まるほどの、コロンとした丸いタイプ）がお勧めです。そのままポケットに入れたり、小さな袋に入れて携帯しましょう。

休憩時間などに、タンブルを手で握った状態で胸の真ん中に当て、そのタンブルを通して、ハートから呼吸するイメージをしてください。

ローズクォーツを使うことで、自分の中から浮上してきたネガティブな感情をクリアリングできるでしょう。それにより、ハートチャクラが開いて直感が冴えてきます。そういう意味では、ローズクォーツは直感力を高めるためにも効果があります。

〈ウツへの作用〉

クリスタルは地球からの贈り物です。特にローズクォーツは、ウツの解消にも良く、比較的安価に買えます。

結局、人は、地球に存在する物で、すべてを癒やすことができるのです。がんを含めた病気にしても、まだ表面化していない問題にしても、地球にある物で癒やせるようになっています。なぜなら源は、地球に必要な物をすべて用意してくれているからです。

〈ローズクォーツの浄化法〉

ローズクォーツはネガティブなエネルギーを吸収してくれるので、使ううちに色がくすむことがあります。

その場合は、流水で浄化してあげてください。光の滝のような流水により、石の中にたまっている不浄なエネルギーが全部取り除かれるとイメージしましょう。

その際に、「輝きのあるピンク色に戻っていく。色がキレイになった」とイメージすれば、たとえ色が元に戻らなくても、ネガティブなエネルギーはすべて洗い流されます。

そのあと軽く拭いて、風にさらして乾かしてください。

●ローズの精油を胸に塗る

バラの精油（エッセンシャルオイル）は高価ですが、それに見合うくらいの価値があります。ローズの精油を1滴、ハートの真ん中に塗ってください。

その際、手についた香りも嗅ぎます。香りがハートに行き渡るよう、深呼吸しましょう。

●ピンクやエメラルドグリーンの光に包まれるイメージをする

ピンクやエメラルドグリーンの色は、ハートチャクラを開くのに効果的です。

これらの色の石を身に着けてもいいでしょう。また、これらの色の光で、相手や自分を包み込むイメージは、どんな場合でも役立ちます。

●エプソムソルトを入れたお風呂に入る

ネガティブなエネルギーを浄化するために、湯船にエプソムソルトを入れて入浴するのも効果的です。その際、ローズクォーツを一緒に入れてもかまいません。

短くても10分、できれば20分はお湯に浸かるようにしましょう。

●太陽の光を浴びる

現在の太陽のエネルギーは、特にハートに働きかけるため、ハートチャクラが開くのを促してくれます。

太陽からは「コード化された多様な周波数」が、光に乗って地上へと届いています。その光線を、ハートに取り込むつもりで浴びましょう。

おわりに

今起きている、目醒めから外れていってしまう大きな潮流

今、分岐しようとしているのは〝統合された光と分離の光〟

この本を読まれているあなたは、目醒めに大きな関心を寄せていることと思います。
そして、すでに統合を進めてこられた方も多くいらっしゃるでしょう。

僕は以前から、２０２１年の冬至には、それぞれが進む方向性を明確にしなければならないタイミングを迎えることになります、と常々お話ししてきました。
「２０２０年の春分から大きく開いていた目醒めのゲートは閉まり始め、その年の8月には大部分が閉まり、２０２１年の冬至に向けて完全に閉まっていく……」と。

この2年間が「大激変」の年にあたり、目を醒ますのか、眠り続けるのかが明確になってきます、と僕の話に耳を傾けてきてくださった方々には、耳にタコだと思います。

でも、今の世の中を振り返って、あなたはどう感じますか？　勘の良い方は、僕のお話ししようとしている意味がわかるのではないかと思います。

世の中は、さまざまな意味で「二極化」が目立ち始め、メディアを通しても、この言葉が使われるようになっていることはご存知ではないでしょうか？

もちろん、世の中だけではなく、あなたの周りでも、二極化してきてることに気づいているのではないですか？

今、世の中を騒がせている、こうした騒動を通して、僕たちは「本当の自分に目を醒まし、生き方を根底から変えることで、今までとはまったく違うステージに立とうとしている」のです。なぜなら、「今までのやり方や在り方が、通用しなくなってきている」からです。このことも多くの人が理解されていることでしょう。

でも、そのような中で、生き方を変えたくない人もいます。変化の流れについていけない、頭ではわかっているけど変わりたくない、元に戻りたいと思っている人も多くいます。

気持ちはよくわかりますが、残念ながら元に戻ることはありません。これが、今僕たちが経験している宇宙のサイクルであり、時代の流れには誰も逆らうことはできません。

これは、怖いことなのでしょうか？　不幸なことだと思いますか？

今回の騒動でたくさんの方が、大変な思いをされていると思います。

でも、その一方で、辛いけど、勇気を持って自分と向き合い、本当にやりたいことを見つけて、以前より幸せになったり、家族との絆が深まったり、中にはお互いの関係性の本質が浮き彫りになり、別れることで人生を再スタートした人もいるでしょう。

つまり、流れに逆らうことで苦しさは増し、流れに乗ることで楽になるのです。

川の流れに逆行して泳げば、それだけ体力を消耗しますよね？　そして摩擦が起き、それが人生にさまざまな障害となって現れることになります。

だからこそ、「流れ＝サイクル」を知り、今起きていることはなんなのか、どこに向かって進んで行こうとしているのかを理解することが大切なのです。

さて、この二極化が進んでいくプロセスで、「目醒めへと向かう意識を、そうではない方向へとかっさらう動きが出てくる」というお話も何度もしてきましたが、今現在、それが起きていて、「本来の道」からズレてしまっている人が多く出てきています。

もちろん、何が正しくて何が間違っているということも、良いも悪いもないので、正解がこれです、というお話をするつもりはありません。

そうではなく、「今進んでいる道は、あなたが本当に望む道ですか？」という問いかけなのです。


スピリチュアルな世界では、今、本格的なニューエイジを迎えていると言われています。風の時代、アクエリアスの時代、呼び方はさまざまですが、「古きものが壊れ、新たなものが生み出される。その際、すべての闇があぶり出され、その後、新たな時代が始まる」というような言い方をされています。

実際、その通りであり、これから僕たちはまったく新たな時代、ステージに立とうとしています。


世の中を見渡してみても、情報戦争真っ盛りであり、あらゆるところから、あらゆる情報が出てきていますよね？　今までは、多くの人が知らなかった「真実」と呼ばれるものが、まさに明るみに出てきているわけです。

でも、当たり前のように、そのすべてが真実なのではなく、偽の情報もたくさんあります。

その中には、僕たちの心理を巧みに操り、怒り、憎しみ、憎悪などのネガティブな感情を浮き彫りにし、引き出そうとするものも存在するのです。

それによって何が起きるでしょう？

「悪を叩く」という動きが出てくることになります。

「正義という大義名分のもと、悪を暴き駆逐する」という行動に繋がることになるわけです。

「何が悪いの？　当たり前のことでしょ？　世界の裏側では、今まで私たちが知らなかった、あんなことやこんなことが行われていて、これは許されるべきではない！」

確かにそうです。

この世界では、多くの人たちが知らない酷いこと、騙し、裏切りと呼ぶようなさまざまなことが秘密裏に起きていて、僕たちはその影響を知らずに受けてきた、という背景が長い歴史としてありました。

でも、目を醒まそうとする意識にとって、とても大切な真実があることを、あなたも気づいていませんか？

そうです。「僕たちは、自分の現実のすべてを自らの意思によって創造し、体験している」

という真実です。これは、何人たりとも変えることのできない宇宙の真理です。

つまり、憶い出す必要があるのです。僕たちがなぜ、地球にやって来たのかを。

ここには、眠りを体験するためにやって来ました。「眠りとは分離」です。「純粋で、何の欠けもない完全な意識であるがゆえ、不完全であるとは何かを知りたい」「真実の光を意識的に捉え、知るために、闇を体験してみたい」という好奇心旺盛な意識だった僕たちが、自ら波動を落とすことで分離し、「光と闇」「陽と陰」「善と悪」「男性性と女性性」などの二極を体験することで、あらゆる性質を理解したいという魂レベルの望みを叶えるために、この地球の分離の特性を活かして、今まで、この二極のコントラストを体験し尽くしてきました。

そして、分離の極みとして、戦争まで体験しました。もっとも深い眠りにあった地球の歴史は、戦争の歴史と言っても過言ではありませんでした。

でも、今、眠りから目醒めのサイクルを迎えて、ようやく分離を終え、元の統合された意識へと戻れる時を迎えているわけです。それは、十二分にこの地球での学びを体験し、意気揚々と故郷に還る、エキサイティングな旅の始まりでもあります。

ここ地球では、本当にたくさんのことを体験を通して、気づき、学んだはずです。何度も何度も輪廻転生を繰り返しながら。

両極のコントラストを体験しながら、あなたは自分自身を、そして自分の可能性を知る旅をしてきたのです。


さあ、この大前提を踏まえて、「悪」というものを見た時、すべてが魂レベルの同意のうえで、それぞれの意識が体験したかったことを体験してきたのだ、ということが、そこはかとなくでも理解できないでしょうか？


もちろん、「悪に賛成！ 何をしたっていいんだよ。人に迷惑をかけても、犯罪を犯しても」などと言っているのではなく、必要な気づきや学びを得るために、体験することを選んできた経緯があるのを知ることも、目を醒まそうとする意識たちにとっては大切なことである、という意味なんですね。

なぜなら、〝真実の光というのは、「清濁併せ呑む」意識〟だからです。

僕たちは、〝分離することで生み出した、二極の闇の反対の光へと戻って行くのではありません〟。

〝その二極を統合し、清濁併せ呑むことで「真実の光」へと戻ろうとしている〟のです。

ところが、今の世の中の悪を暴くという風潮は、まさに戦いになっていて、「悪を許してはいけない。悪を暴き、制裁するために、皆で立ち上がろう！」という傾向のほうが強くなってしまっていると言えるでしょう。

まさに、ハルマゲドンと呼ばれる、光と闇の戦いです。

でも、本当にそれが真実へと至る道なのでしょうか？　何をどう言おうと、戦いは戦いであり、そこからは真の平和は訪れません。

「戦いの周波数で映し出す現実は、新たな敵を創り出す現実」にしかなりません。これに気がつかない限り、「永遠に戦うことになる」のです。

そして、この在り方は、どこまで行っても平行線ですので、解決策がありません。

つまり、闇も光も、「同じ土俵に立ち、お互いが逆側から物事を見ているだけなので、結局、どちらも同じレベル」であることに気がつく必要があります。

では、どうしたら良いのでしょうか？

アインシュタインの言葉に、「問題を生み出した次元で、問題を解決することはできない」というのがありますが、まさにそうなのです。

僕たちは、「その先」に行く必要があります。その先に行くと言うのは、分離の闇と光を統合し、清濁併せ呑んだ意識へと上昇することを意味しています。

それこそが、真実の光へ向かうことであり、その本質である「真の平和や調和」そのものになることで、僕たちは本当の平和を実現できる意識になることができるのです。

あなたが向かいたいのは「ここ」ではないですか？

戦いの意識で、闇と反対の光へと向かい、新たな争いを生むことが望みなのでは、きっとないはずです。

ここを明確にすることで、あなたは、かっさらわれることなく、本当の意味で目醒めのスタンスに立ち、目を醒ましていくことになるのです。

今は、情報戦争真っ盛りです。自分軸に一致していなければ、容易にぶれて、「目醒めから外れていってしまう大きな潮流」に飲まれていってしまうでしょう。

誰かのことを「あーでもない、こーでもない」と言い出したり、言っている人に気をつけてください。

誰かを引き合いに出して、その人のことを「どうのこうの」と言っている人に気をつけてください。

「あの人は間違っている」とか、「正しい」とかと言い出したり、言っている人に気をつけてください。

それにあなたが乗って行きたくなった時、もう一度、「自分の向かいたい先を明確にする」ことに意識を向けていただけたらと思います。


あなたは、闇を糾弾するために、生まれて来たのですか？

誰かと戦うことで、自分が正しいことや自分の正義を証明するために、生まれて来たのでしょうか？

それとも、力を証明するためですか？


僕たちはそうやって眠りを体験してきました。比較の意識や不足の意識、そして無価値感から自分の正しさを主張したり、認めてもらうために戦ったり、優位に立とうとしてみたりと、今までさまざまなシチュエーションを通して体験してきたのです。
そして今、その眠りを終えようと、僕たちが眠りを体験するために、分離することで生み出したコントラストをひとつにし、元の雄大で純粋でパワフルな意識に戻るために生まれて来たのではないですか？

もし、この問いにイエスであり、ズレていたなと感じたなら、すぐに方向転換しましょう。

もちろん、これは、何もしなくて良い、行動してはならない、と言っているのではなく、あなたの中に捉えた、ここでお話ししたような意識を、まずは手放し、ニュートラルな意識で自分のできることを淡々と行っていくことが大切なのではないでしょうか、という提案なのです。

「あの人は最低な人。悪人よ！　ひとつに手を取り合って、立ち向かっていきましょう！」ではなく、「こうすると、より皆が幸せに豊かになれると思うの。今、自分にできることをやっていきましょう！」というのは、まったく違う意識状態ですし、その意識から生み出される結果は、より調和と平和を反映したものとなるでしょう。

もう、長い間続いてきた「戦いの歴史」を終える時を迎えています。この意識がいじめを起こし、戦争まで起こしてきたのです。

僕たちは、十分にやりましたよね？　そろそろ、本当の意味で目を醒ましませんか？

2021年10月

並木良和

著者紹介

並木良和（なみき よしかず）

スピリチュアル・カウンセラー、作家。幼少期よりサイキック能力（霊能力）を自覚し、高校入学と同時に霊能力者に師事、整体師として働いたのち、本格的にスピリチュアルー霊魂、精神ーのカウンセラーとして独立。

現在は、人種、宗教、男女の垣根を越えて、高次の叡智に繋がり宇宙の真理や本質である「愛と調和」を世界中に広めるニューリーダーとして、ワークショップ、講演会等を開催。これらの活動を通じて、世界中で10,000名以上のクライアントに支持されている。

著書に『目醒めへのパスポート』（ビオ・マガジン）、『みんな誰もが神様だった』（青林堂）、『ほら起きて! 目醒まし時計が鳴ってるよ』（風雲舎）他があり（いずれもベストセラー）、執筆活動と同時に様々な媒体で活躍の場を広げている。

HP:https://namikiyoshikazu.com/

全宇宙の大転換と人類の未来
2038年前後、
集団アセンションが起こる！

●

2021年11月11日　初版発行
2022年1月23日　第7刷発行

著者／並木良和

装幀・ブックデザイン／鈴木 学
編集／湯川真由美
編集協力／澤田美希

発行者／今井博揮
発行所／株式会社 ナチュラルスピリット
〒101-0051 東京都千代田区神田神保町3-2 高橋ビル2階
TEL 03-6450-5938　FAX 03-6450-5978
info@naturalspirit.co.jp
https://www.naturalspirit.co.jp/

印刷所／モリモト印刷株式会社

ISBN978-4-86451-381-4 C0011